TABLE DES MATIÈRES

*Aux enfants cristal, à leurs parents, à leurs
grands-parents et à leurs professeurs.
Merci d'être des anges venus sur terre pour
nous venir en aide à tous !*

Note : Toutes les histoires racontées dans le présent livre sont vraies ; elles proviennent de parents, de grands-parents et de professeurs qui travaillent avec ces enfants remarquables. Certains collaborateurs ont choisi de garder l'anonymat, et les vrais noms ne sont mentionnés qu'avec l'autorisation des personnes concernées. (Les récits ont été légèrement remaniés pour des raisons d'espace et de clarté.)

INTRODUCTION

Qui sont les enfants cristal ?

L a première chose que l'on remarque à propos des enfants cristal, ce sont leurs yeux – grands, pénétrants et empreints d'une sagesse exceptionnelle, rarissime chez des enfants de cet âge. Lorsque leur regard hypnotique se fixe sur nous, notre âme devient pour eux un livre ouvert et ils peuvent voir qui nous sommes vraiment.

Peut-être avez-vous déjà rencontré cette nouvelle « race » d'enfants toute spéciale qui investit notre planète à un rythme accéléré. Ils sont heureux, adorables et enclins au pardon. Ces nouveaux artisans de lumière, qui sont âgés de sept ans et moins, sont différents des générations précédentes. Parfaits à bien des égards, ils préfigurent ce que deviendra l'humanité… et cet avant-goût est très encourageant !

Les enfants plus âgés (entre 7 et 25 ans environ), appelés « enfants indigo », partagent certaines caractéristiques avec les enfants cristal. Les deux générations sont composées d'êtres hypersensibles et dotés d'aptitudes parapsychiques, des êtres dont les objectifs de vie sont de la plus haute importance. La principale différence réside dans leur tempérament. En effet, les indigos ont une âme de guerrier, car leur objectif collectif est de détruire les vieilles mentalités qui nous sont devenues inutiles. Ils sont sur terre pour mettre en échec les systèmes gouvernementaux, éducatifs et juridiques à l'intégrité déficiente. Pour atteindre cet objectif, ils doivent posséder un tempérament bouillant et une détermination à toute épreuve.

Les adultes qui résistent au changement et qui valorisent le conformisme ont souvent de la difficulté à comprendre les indigos. On attribue souvent à ces êtres, à tort, des problèmes psychiatriques tels que l'hyperactivité avec déficit de l'attention (HDA) ou le trouble déficitaire de l'attention (TDA). Malheureusement, lorsqu'on leur fait prendre des médicaments, les indigos perdent souvent leur merveilleuse sensibilité, leurs dons spirituels et leur énergie de guerrier. J'ai abondamment écrit sur ces êtres dans mon livre *Aimer et prendre soin des enfants indigo*, et le sujet a été exploré en profondeur dans *Les enfants indigo*, écrit par Lee Carroll et Jan Tober (ces deux ouvrages sont publiés chez Ariane).

En revanche, les enfants cristal sont sereins et d'humeur égale. Bien sûr, il leur arrive parfois de piquer une colère mais, la plupart du temps, ils sont accommodants et peu rancuniers. La génération des enfants cristal profite des ouvertures pratiquées par les indigos. Ceux-ci ouvrent le chemin à coups de machette, coupant à la racine tout ce qui manque d'intégrité, pour que les enfants cristal puissent emprunter ce sentier balisé menant à un monde plus sûr et plus sécuritaire.

Les termes *indigo* et *cristal* ont été attribués à ces deux générations parce qu'ils décrivent à la perfection la couleur de leur aura ainsi que leur configuration énergétique. Ainsi, les enfants indigo possèdent dans leur aura une grande quantité de bleu indigo, la couleur du « chakra du troisième œil », c'est-à-dire le centre énergétique de la tête (situé entre les deux sourcils). Ce chakra régit la clairvoyance ainsi que la capacité de discerner les champs énergétiques, d'avoir des visions et de voir des esprits. De nombreux enfants indigo possèdent ce don.

Les enfants cristal ont des auras superbes, multicolores et opalescentes, criblées de nuances pastel qui rappellent l'effet prismatique d'un cristal de quartz. Cette génération éprouve une profonde fascination pour les cristaux et les roches, comme vous pourrez le lire plus loin dans le présent livre ; d'où leur nom « d'enfants cristal ».

Les caractéristiques des enfants cristal sont les suivantes :

- Ils sont habituellement nés en 1995 ou plus tard.
- Ils ont de grands yeux et un regard intense.
- Ils possèdent une personnalité magnétique.
- Ils sont extrêmement affectueux.
- Ils commencent à parler sur le tard.

- Ils sont très doués pour la musique, et ils commencent souvent à chanter avant de parler.
- Pour communiquer, ils utilisent la télépathie et un langage des signes qu'ils inventent eux-mêmes.
- Ils sont parfois diagnostiqués autistiques ou atteints du syndrome d'Asperger.
- Ils sont doux, affectueux et d'humeur égale.
- Ils sont enclins au pardon.
- Ils sont très sensibles et font preuve d'une grande empathie.
- Ils entretiennent des liens étroits avec la nature et les animaux.
- Ils possèdent des dons de guérison.
- Ils s'intéressent beaucoup aux cristaux et aux roches.
- Ils parlent souvent d'anges et de guides spirituels, et partagent des souvenirs de leurs vies antérieures.
- Ils ont un tempérament très porté sur les arts et la créativité.
- Ils préfèrent les mets végétariens et les jus aux « aliments ordinaires ».

- Ils sont parfois d'intrépides explorateurs et grimpeurs possédant un grand sens de l'équilibre.

Les enfants du nouveau millénaire

C'était en 1995, année où nombre d'entre nous étions habités par un sentiment d'agitation et d'impatience qui nous prenait aux tripes. Au sortir de la décennie 1980, où les préoccupations matérialistes avaient nettement dominé, nous étions à la recherche de sens et de façons de contribuer au bien-être de la planète. Nous avons donc amorcé une nouvelle renaissance spirituelle, bien décidés à apprendre à regarder en nous-mêmes pour trouver des réponses et pour atteindre l'épanouissement.

Cette année-là, de nombreuses personnes ont vécu de profondes expériences spirituelles. J'en sais quelque chose : le 15 juillet 1995, c'est la voix forte et tonitruante d'un ange qui m'a permis d'échapper saine et sauve à une tentative de détournement de voiture à main armée. Depuis cette expérience, je consacre ma vie à enseigner aux autres la spiritualité. Et j'ai rencontré d'innombrables personnes un peu partout dans le monde qui ont connu cette année-là un important éveil spirituel.

Il n'est donc pas étonnant que les enfants cristal aient commencé à arriver sur terre cette année-là. Ils savaient que les adultes étaient enfin prêts à accueillir des êtres possédant une fréquence vibratoire plus élevée et un mode de vie plus pur. À l'époque, il y avait déjà sur la planète des enfants cristal plus âgés. Cette première génération était en quelque sorte celle des éclaireurs, venus s'enquérir de l'état de la situation et en faire rapport lors de transmissions survenant à l'état de rêve. Ainsi, ce sont ces premiers enfants cristal qui ont déterminé qu'en 1995 le champ serait enfin libre pour une arrivée massive de nouveaux-nés possédant un niveau vibratoire élevé. Au moment où j'écris ces lignes, le nombre de naissances d'enfants cristal continue d'augmenter. Et chaque année, la cuvée d'enfants cristal venue au monde possède des capacités spirituelles encore plus profondes que la précédente.

Des dons méconnus

Comme nous l'avons déjà mentionné, la génération qui a précédé les enfants cristal est celle des enfants indigo, et c'est eux qui ont ouvert la voie. L'un des dons spirituels des indigos est leur capacité à détecter la malhonnêteté, tout comme les chiens sentent la peur chez les êtres humains. Les indigos *savent* quand on leur ment, quand on les traite avec condescendance et quand on les manipule. Comme leur objectif collectif est d'instaurer un nouvel ordre mondial fondé sur l'intégrité, leurs détecteurs de mensonges internes font partie intégrante d'eux-mêmes. Cependant, leur esprit guerrier est perçu comme une menace par certains adultes. De plus, les indigos sont *incapables* de s'adapter à des situations dysfonctionnelles, que ce soit à la maison, au travail ou à l'école. Ils n'ont pas la capacité de se dissocier de leurs émotions et de faire semblant que tout va bien... à moins qu'ils ne soient sous l'effet d'un médicament ou d'un sédatif.

Les dons spirituels innés que possèdent les enfants cristal sont tout aussi incompris, en particulier leurs capacités télépathiques – qui sont souvent la cause d'un retard dans le langage.

Dans le nouveau monde que les indigos ont commencé à introduire, nous serons toutes et tous beaucoup plus en contact avec nos pensées et nos sentiments intuitifs, et nous nous servirons beaucoup moins de la parole et de l'écrit. Les communications seront plus rapides, plus directes et plus honnêtes, car elles s'effectueront d'un esprit à l'autre. De plus, un nombre croissant d'entre nous prenons déjà conscience de nos capacités parapsychiques. L'intérêt du public pour le paranormal, qui est présentement à son plus fort, est constamment entretenu par une abondance de livres, d'émissions de télévision et de films portant sur le sujet.

Il n'est donc pas étonnant que la génération qui suit les indigos possède d'incroyables capacités télépathiques. Comme nous l'avons mentionné précédemment, de nombreux enfants cristal montrent des retards de langage, et il n'est pas rare de les voir attendre jusqu'à l'âge de trois ou quatre ans avant de commencer à parler. Or, les parents n'ont aucune difficulté à communiquer avec ces enfants silencieux, loin de là ! Ils communiquent d'esprit à esprit avec leurs enfants cristal et, pour s'exprimer, ceux-ci emploient un mélange de télépathie, de sons (notamment des chants) ainsi que des signes qu'ils inventent eux-mêmes.

Les problèmes commencent lorsque les modes d'expression verbale des enfants cristal sont considérés par les professionnels de la médecine et de l'éducation comme « anormaux ». Ce n'est pas une coïncidence si, à une époque où les enfants cristal viennent au monde à un rythme accéléré, le nombre de diagnostics d'autisme est plus élevé que jamais !

S'il est vrai que les enfants cristal sont différents des autres générations, pourquoi éprouvons-nous le besoin de considérer ces différences comme une maladie ? Si les enfants réussissent à communiquer adéquatement à la maison, et que les parents ne jugent pas la situation problématique, pourquoi inventer un trouble là où il n'en existe pas ?

Le diagnostic d'autisme se fonde sur un critère on ne peut plus clair : la personne qui en souffre vit dans son monde à elle, complètement coupée des autres. Si elle ne parle pas, c'est que la communication avec autrui la laisse indifférente.

Chez les enfants cristal, c'est tout le contraire. Comme vous pourrez le lire plus loin dans le présent livre, ils comptent parmi les enfants les empathiques, communicatifs, aimables et affectueux de toutes les générations. Ils montrent également d'impressionnantes dispositions pour la philosophie et la spiritualité, en plus de manifester un degré sans précédent de gentillesse et de sensibilité. Ainsi, j'ai reçu plus de témoignages que n'aurait pu en contenir le présent livre décrivant des enfants cristal qui étreignaient spontanément des gens malheureux en manque d'affection. Jamais une personne souffrant d'autisme ne ferait une chose pareille !

On ne compte plus les histoires de personnages historiques qui se sont mis à parler tard dans la vie, l'un des plus célèbres étant nul autre qu'Albert Einstein. Maja, la sœur du savant, a raconté que son brillant frérot n'avait commencé à parler qu'à l'âge de deux ans bien sonnés. Selon le *U.S. News & World Report* (9 décembre 2002), la première phrase prononcée par Einstein a été pour se plaindre que son lait était trop chaud. Abasourdis, ses parents lui auraient alors demandé pourquoi il n'avait jamais parlé avant. « Parce que, leur aurait répondu le petit génie, avant, tout était en ordre. »

Dans mon livre *Aimer et prendre soin des enfants indigo*, j'ai écrit que HDA devrait plutôt vouloir dire « hautes dimensions de l'attention ». Cela décrirait mieux cette génération d'enfants. Dans la même veine, il est injustifié de coller aux enfants cristal un diagnostic d'autisme. Ils ne sont pas autistiques, ils sont fantastiques !

Ces enfants devraient être une source d'émerveillement plutôt que de se faire catégoriser comme dysfonctionnels. Ce n'est pas eux qui sont dysfonctionnels, mais bien les systèmes qui font obstacle à l'évolution de l'espèce humaine. Quand nous leur collons des étiquettes qui les diminuent ou que nous les bourrons de médicaments pour assurer leur soumission, nous contribuons à miner un cadeau du ciel et à anéantir une civilisation avant même qu'elle ait pu prendre racine. Heureusement, il existe de nombreuses solutions de rechange. Et ce même ciel qui nous a envoyé les enfants cristal peut venir en aide à celles et à ceux d'entre nous qui désirons nous porter à la défense de ces êtres d'exception.

Le comment et le pourquoi du présent livre

J'ai entendu parler des enfants cristal pour la première fois à l'époque où je voyageais d'un bout à l'autre du globe pour donner des conférences sur les anges. J'ai alors remarqué les yeux de ces enfants ainsi que leur personnalité magnétique. J'ai eu des conversations mentales avec eux, où je pouvais clairement les entendre répondre à mes questions par télépathie. Je les voyais sourire en réaction aux compliments que je leur adressais mentalement. Je me suis alors rendue à l'évidence : *ces enfants peuvent entendre mes pensées !*

Au cours des quelques années qui ont suivi, j'ai eu l'occasion d'interviewer des enfants et des parents pour mon livre *Aimer et prendre soin des enfants indigo*. J'ai toujours été fascinée par la découverte de différents types de comportement humain. Même si chacune et chacun d'entre nous sommes aussi uniques qu'un flocon de neige, il existe des flocons qui ont certains traits communs. Chez les enfants indigo, j'ai remarqué les caractéristiques décrites précédemment. Dans le cas des enfants cristal, mes recherches ont pris une tournure encore plus intéressante.

Au cours de cette période, j'ai reçu de la part d'étudiants et de collègues cinq ou six communications parapsychiques qui avaient toutes la même teneur : tous ces gens avaient perçu que j'étais enceinte d'un enfant très spécial. Or, je n'étais absolument *pas* enceinte ; je sais maintenant que mes amis médiums faisaient référence aux enfants cristal qui se trouvaient autour de moi. Ces enfants me faisaient parvenir des messages qu'ils voulaient voir inclus dans le présent livre.

Je suis littéralement tombée amoureuse de chacun des enfants cristal que j'ai rencontrés. Ils avaient le cœur aussi ouvert et aimant que tous les anges avec qui j'avais communiqué. Je trouvais leur personnalité engageante et sans prétention. Je m'endormais en pensant à eux, et je me réveillais la tête remplie de renseignements qui me parvenaient du monde des esprits (peut-être des enfants cristal eux-mêmes) durant mon sommeil.

Chaque matin, au réveil, j'en savais encore plus à propos des enfants cristal que la veille ! J'ai alors commencé à donner des conférences à leur sujet et j'ai trouvé mes auditoires très réceptifs. De nombreuses personnes étaient les parents, les grands-parents ou les professeurs de ces jeunes enfants très spéciaux. En entendant ma description, elles ont tout de suite reconnu les caractéristiques de leurs enfants, de leurs petits enfants ou de leurs élèves.

Ce n'est pas une coïncidence si, à une époque où les enfants cristal viennent au monde à un rythme accéléré, le nombre de diagnostics d'autisme est plus élevé que jamais !

J'ai ensuite demandé aux membres de mes auditoires et aux abonnés de mon bulletin d'information de remplir un questionnaire sur leurs enfants cristal. Un jour après avoir lancé cet appel, j'ai reçu des centaines de réponses. Dans le cadre de la préparation du présent livre, j'ai lu un nombre incalculable d'histoires que m'avaient fait parvenir des gens qui élevaient ces enfants remarquables ou qui étaient leur professeur.

Pendant la période où j'ai compilé les résultats de l'enquête, deux choses se sont produites. Premièrement, j'ai senti mon cœur se remplir d'amour et de gratitude. Le simple fait de lire les histoires me donnait l'impression d'être en présence d'anges tout-puissants ! J'éprouvais un sentiment de pure extase en prenant conscience de la présence de ces formidables enfants sur notre planète. Je me suis également sentie rassurée en ce qui a trait à notre avenir collectif. En effet, Dieu n'aurait pas envoyé cette race d'humains toute spéciale sur terre si nos jours étaient comptés en tant que civilisation ou en tant que planète. Tout comme les humains ont évolué à partir du singe, les enfants cristal constituent la preuve concrète que nous continuons à progresser sur l'échelle évolutive.

Deuxièmement, j'ai constaté des points communs évidents – qui ressortaient avec une clarté *cristalline*, pourrais-je presque dire – chez l'ensemble des répondants au questionnaire. J'ai lu des douzaines d'histoires semblables sur les enfants cristal et leurs rapports avec les animaux, les plantes, les roches et les personnes âgées, par exemple. J'ai pris connaissance de nombreux récits étrangement similaires sur les communications télépathiques que ces enfants sont capables d'avoir avec leurs parents... tout en évitant tout échange verbal.

De nombreux parents m'ont fait la confession suivante : « La description des enfants indigo ne m'a jamais interpellé. Mon enfant me semblait différent. Mais le profil des enfants cristal correspond exactement au tempérament de mon enfant ! »

La plupart des parents affirment avoir avec leurs enfants cristal une relation heureuse, que peu de problèmes viennent troubler. Des parents et des grands-parents de tous les coins de la planète ont décrit leurs enfants cristal comme des « anges », des « amours », « une joie » et j'en passe.

J'ai remarqué non seulement que les enfants cristal étaient spirituellement très sensibles, mais que leurs parents l'étaient aussi. Les âmes de ces enfants avaient de toute évidence choisi des mamans et des papas qui seraient en mesure de les élever dans un environnement stimulant sur le plan spirituel. Il m'est arrivé de rencontrer des enfants nés de parents n'ayant aucune préoccupation spirituelle. Dans ces cas-là, c'étaient les grands-parents qui étaient des artisans de lumière hautement évolués et qui contribuaient à la protection et au perfectionnement des connaissances et des dons spirituels des enfants. La plupart des parents m'ont confié que leurs enfants cristal étaient en fait des enseignants spirituels d'une grande profondeur qui leur apprenaient beaucoup sur les façons de devenir exceptionnellement bienveillant et généreux.

Un jour, alors que je donnais une conférence à Sydney, en Australie, à propos des enfants cristal, Reid Tracy, le président de la maison d'édition Hay House (qui était sur place pour vendre mes autres livres), m'a posé une question pendant la pause du midi : « Quel est ce livre dont tout le monde parle ? Ils veulent tous acheter un livre sur les enfants cristal. »

Je lui ai répondu en riant que ce livre n'existait pas encore, et que je n'avais fait que rapporter les données recueillies lors de mes entrevues ou de mes séances de channeling. « Oui, mais ils veulent de toute évidence se procurer ce livre. Vas-tu l'écrire ? » a ajouté Reid. Sans hésiter, j'ai répondu : « Mais oui, bien sûr que je vais l'écrire. » Vous avez présentement entre les mains le fruit de cette décision !

Que vous soyez parent, futur parent, grand-parent, éducateur, professionnel de la santé ou que vous vous intéressiez tout simplement aux enfants et à la spiritualité, j'espère que ce livre contribuera à valider votre démarche et vous servira de guide, à vous et aux enfants cristal qui vous entourent !

— Doreen Virtue, Ph. D.
Laguna Beach, Californie

· · · ✳ · · ·

CHAPITRE 1

Dans la matrice

Il semble que tout ce qui touche les enfants cristal relève de l'extraordinaire, en commençant par leur conception. Plusieurs personnes ont décrit, dans les lettres qu'elles m'ont envoyées, à quel point la conception de leur enfant avait été facile. Des mères m'ont également dit qu'elles communiquaient avec leur enfant avant la conception. Par exemple, Katharina, qui a récemment accouché d'un garçon aujourd'hui âgé de neuf semaines, m'a confié l'histoire suivante :

« Mon fils a communiqué avec moi avant sa conception pour me faire savoir qu'il voulait naître. Il a été conçu à Glastonbury, en Angleterre, l'un des lieux sacrés de cette planète, qu'on appelle souvent le chakra du cœur de la terre.

« J'ai entendu dire que les enfants cristal étaient entourés de magie, et cela est certainement vrai dans le cas de mon fils. Depuis sa conception, de nombreuses choses merveilleuses sont survenues dans notre vie sur le plan physique, notamment l'achat d'une maison située à un endroit très spécial et des entrées d'argent croissantes. »

J'ai aussi reçu plusieurs lettres de grands-mères qui avaient eu des conversations télépathiques avec leurs petits-enfants à naître.

Un grand nombre des femmes que j'ai sondées et interviewées m'ont raconté que leur grossesse avait été difficile, mais remplie d'expériences magiques, spirituelles et porteuses de croissance personnelle. Plusieurs mères ont décrit la teneur des conversations télépathiques qu'elles avaient eues avec leurs enfants cristal avant la naissance de ceux-ci :

- Une femme m'a dit que, durant sa grossesse, elle avait reçu de nombreux messages de son bébé à naître. Elle m'a expliqué qu'à l'époque où elle portait sa fille, maintenant âgée de quatre mois, la petite lui avait dit à d'innombrables reprises qu'elle était une fille, mais qu'elle et son conjoint s'entêtaient à ne pas y croire. La petite a également annoncé au couple la date exacte de sa naissance, et tout ça s'est révélé exact !

- Une autre maman, Danica Spencer, m'a raconté avoir fait pendant sa grossesse des rêves particulièrement intenses peuplés de puissantes prêtresses (elle a par la suite donné naissance à une fille).

- Et Lori, mère d'Isabelle, aujourd'hui âgée de 12 semaines, a bénéficié pendant sa grossesse d'une guérison physique qu'elle attribue à son enfant à naître. Voici son récit :

« Dès le moment de sa conception, j'ai su que ma fille était très spéciale et qu'elle était remplie d'amour et de lumière. Avant que je tombe enceinte d'elle, on avait détecté dans le col de mon utérus des cellules anormales que j'allais devoir faire enlever après l'accouchement.

« Pendant ma grossesse, on avait prévu me faire passer un test de PAP tous les deux mois pour s'assurer que la lésion ne progressait pas. Or, après le premier test, on a constaté que les cellules anormales avaient toutes disparu ; par la suite, elles sont demeurées introuvables, comme si elles n'avaient jamais existé ! Je sais que cela s'est produit grâce à l'enfant unique que je portais en moi.

« Souvent, Isabelle venait à moi en rêve ou pendant que je méditais. J'ai commencé à communiquer avec elle longtemps avant sa naissance. Je pouvais également sentir une incroyable énergie émaner de mon ventre. La seule façon dont je pourrais décrire cette énergie est de dire qu'elle était éclatante, chaude, incandescente et débordante d'amour. »

Les enfants cristal entretiennent des liens étonnamment étroits avec la nature, comme vous pourrez le lire un peu plus loin. Cynthia Berkeley s'est rendu compte de l'amour que sa fille avait pour l'eau alors qu'elle était encore enceinte d'elle. Voici ce qu'elle m'a raconté :

« Quand j'étais enceinte de Leah, je suis allée un jour nager avec les dauphins et, depuis ce moment-là, ma fille manifeste une affinité naturelle avec l'eau. Alors qu'elle était encore dans mon ventre, Leah a semblé avoir à deux occasions des conversations avec des baleineaux dont je m'étais approchée. Elle n'arrêtait pas de se tortiller et de donner des coups de pied, et elle était toute vibrante là-dedans !

« Depuis sa naissance, je l'ai emmenée se baigner avec moi à la piscine à plusieurs reprises, et elle veut toujours plonger la tête sous l'eau. Elle adore ça ! Aujourd'hui, à l'âge de 15 mois, elle essaie déjà de nager toute seule. »

La naissance

J'ai reçu plusieurs lettres de mères me disant que leur enfant cristal leur avait communiqué par télépathie la date exacte de sa naissance. Kathy DiMeglio a vécu avec la Vierge Marie une expérience magique qui a semblé influer sur la date de naissance de sa fille Jasmyn. Kathy raconte que, pendant sa grossesse, elle éprouvait un sentiment de proximité particulier avec Marie, dont elle a appris que la date de naissance était le 8 septembre. Comme cela tombait huit jours avant la date de naissance prévue pour le bébé, Kathy a prié la Vierge Marie pour que son enfant vienne plutôt au monde le 8 septembre :

« Je me souviens d'avoir simplement prié et demandé à Marie de faire en sorte que notre enfant naisse le jour de son anniversaire, sans plus. J'avais complètement oublié cette prière jusqu'à ce que je sois à l'hôpital, en plein travail. À un certain moment, j'ai demandé à mon mari quelle était la date, et il m'a répondu que nous étions le jeudi 8 septembre. Je savais qu'il s'agissait d'un miracle, et d'un véritable cadeau. J'avais même emporté une statuette de Marie avec moi dans la salle d'accouchement. »

Plusieurs mamans m'ont dit avoir été frappées dès la naissance par les yeux et le magnétisme de leur nouveau-né. Andrea Kiger nous fait part de ses souvenirs à cet égard :

« Abbie, ma fille de trois ans, était différente dès la naissance. Lorsque je l'ai mise au monde, le médecin l'a étendue sur ma poitrine et je me suis sentie envahie par l'émotion, encore plus qu'à l'arrivée de mon premier bébé. Alors que je sanglotais de joie, elle a calmement joint les deux mains et entrecroisé les doigts, en me regardant droit dans les yeux. Elle ne pleurait pas du tout ! Les infirmières étaient quelque peu troublées par cette enfant bien étrange. Quant à moi, l'expérience m'a presque fait peur. J'avais l'impression de regarder dans les yeux d'une très vieille personne. Sans même cligner des yeux, Abbie se contentait de me regarder. J'ai senti qu'elle communiquait avec moi. »

Les enfants cristal ont l'expression typique de ceux qui en savent long sur la vie, comme s'il s'agissait d'adultes remplis de sagesse logeant dans un corps d'enfant. Ils ont l'apparence de vieux sages... comme s'ils étaient des sorciers ou des grandes prêtresses miniatures. Le pouvoir dont ils disposent dès l'enfance peut même dominer les adultes. Toutefois, ce pouvoir ne provient pas d'une force brute, mais repose sur une détermination inflexible et des intentions claires comme du cristal. Lorsque les parents prennent la mesure du pouvoir de leur enfant pour la première fois, ils en sont parfois déconcertés.

Lisa Roulet est mère d'une enfant de 20 mois, Kaitlyn, qui a commencé à montrer un pouvoir personnel remarquable seulement quelques jours après sa naissance. Lisa explique ce qui s'est passé :

« Kaitlyn est née trois semaines et demie avant la date prévue. Pendant les trois premières semaines de son existence, elle a dormi pratiquement tout le temps. C'est lorsqu'elle a atteint l'âge de six jours (alors qu'elle aurait dû encore se trouver dans la matrice) que je me suis rendu compte pour la première fois de son extraordinaire présence et de son pouvoir. Ce jour-là, malgré mes réticences, j'ai suivi les conseils de mon entourage, qui me pressait toujours de garder ma fille éveillée plus longtemps pendant la journée. Chaque fois que je la réveillais de force, Kaitlyn me regardait intensément avec une expression qui respirait la puissance, la confiance et l'autorité, et me communiquait de façon on ne peut plus claire de cesser de l'embêter et de la laisser dormir. Ce jour-là, j'ai honnêtement eu l'impression d'être en présence d'une divinité. »

Les enfants cristal partagent avec les divinités certaines caractéristiques telles que le charisme et le magnétisme, sujet que j'aborderai au prochain chapitre. Ces traits font assurément partie d'un ensemble de caractéristiques qui feront de ces êtres de grands leaders dans les années à venir.

. . . ✳ . . .

CHAPITRE 2

Ah, ces yeux !

Comme je l'ai mentionné précédemment, le trait le plus distinctif des enfants cristal est leur regard intense et leurs yeux immenses. Ils sont capables de *tout* voir avec ces grands yeux ! Leur regard est parfois déroutant, car il semble avoir la capacité de mettre au jour les secrets les plus profonds de notre âme. Lorsqu'ils plongent leur regard dans le nôtre, nous avons l'impression de nous faire scruter l'intérieur par un être de niveau supérieur.

Penny décrit les yeux de Samantha, sa fille de deux ans, comme « étant capables de vous percer jusqu'à l'âme ».

De nombreuses mamans ont affirmé avoir remarqué dès la naissance le regard intense de leur enfant cristal. Keli Carpenter affirme que, depuis que son fils Dakota est venu au monde, il se plaît à fixer les gens droit dans les yeux « comme s'il leur parlait ». Elle ajoute que toutes les personnes qu'il croise en font la remarque.

Wynona, la grand-mère de Dakota, ajoute : « Il me regarde intensément dans les yeux, et j'ai l'impression qu'il peut lire à l'intérieur de mon âme. Quelques jours après sa naissance, il m'a fixée comme ça pendant plus de vingt minutes. » Wynona raconte qu'elle s'est surprise à converser mentalement avec l'enfant. Elle avait l'impression qu'il communiquait avec elle, qu'il connaissait la vérité sur elle et sur toute chose ; cela lui a semblé à la fois étrange et excitant.

La mère d'un autre enfant cristal, Pam Caldwell, émet une opinion similaire :

« Dès l'instant où Hannah est venue au monde, elle m'a regardée avec ses yeux sombres et perçants, fouillant mon regard et mon âme. Son regard est très pénétrant – il ne rend pas mal à l'aise, mais il est très profond. Elle était si consciente de tout ce qui l'entourait, dès la première minute ! À l'épicerie, elle rend bien des gens mal à l'aise avec son regard intense. Ce regard n'a rien de sinistre, mais il est évident que la petite peut voir à travers les gens et lire à même leur âme. »

Ces observations sur les yeux des enfants cristal ne sont pas seulement une manifestation d'orgueil parental. Kelly Colby-Nunez a cinq enfants, et elle a remarqué que les yeux de ses trois plus jeunes (âgés de 6 ans, 4 ans et 15 mois) avaient quelque chose d'unique. Voici ce qu'elle dit de ses plus jeunes : « Il suffit d'un seul regard pour savoir qu'ils sont hautement intelligents et qu'ils possèdent plus de sagesse que leurs aînés et que nous, les adultes. Leurs yeux brillent comme de la lumière qui se reflète sur du cristal. Les gens en font constamment la remarque. »

Les yeux des enfants cristal reflètent leur profonde compréhension de l'univers spirituel. Leur regard est empreint de bienveillance, de patience et d'amour, comme celui des anges. Nadia Leu est la mère de Celeste, âgée de 18 mois. « Dès le premier regard qu'elle a posé sur nous, Celeste nous a semblé sage et pleine de compassion et de compréhension, et en même temps très au-dessus de toute souffrance humaine, dit-elle. Depuis le moment de sa naissance, elle possède un regard empreint de force et d'intelligence, et elle montre un comportement calme et assuré en toute situation. »

Ces yeux expressifs et intenses sont l'une des raisons pour lesquelles les enfants cristal se mettent à parler plus tard dans la vie, car ils communiquent beaucoup au moyen de leur seul regard. Leurs yeux contribuent également beaucoup à créer ce pouvoir magnétique qu'ils possèdent sur les adultes. De nombreux parents m'ont affirmé que les yeux de leurs enfants hypnotisaient les adultes. Par exemple, Philippa m'a raconté qu'Isabella, sa fille de 18 mois, crée tout un émoi avec ses yeux : « Peu importe l'endroit où nous allons, les gens s'arrêtent net et s'approchent d'Isabella pour s'imprégner de son énergie et plonger leur regard dans ses yeux bleus comme le cristal. Dans la plupart des cas, ils deviennent complètement captivés. Quand Isabella regarde quelqu'un dans les yeux, il devient très difficile pour cette personne de détourner le regard – en tout cas, pas avant que ma fille ne consente à la laisser aller. »

Une personnalité magnétique

Le magnétisme des enfants cristal rappelle ces hypnotiseurs de jadis qui disaient à leurs sujets : « Regardez-moi dans les yeux... profondément, profondément, regardez-moi dans les yeux ! » Toutefois, le regard des enfants cristal n'a rien de manipulateur. Ces enfants ne font que recueillir de l'information à propos des humains et de la planète. Ils envoient également des messages d'amour avec leurs yeux, et cette énergie est un cadeau dont nous avons désespérément besoin à l'heure actuelle.

Les enfants cristal sont capables de voir au-delà de la surface des gens. Ils voient la lumière divine qui brille à l'intérieur, et leurs yeux s'ouvrent d'émerveillement lorsqu'ils absorbent toute cette beauté.

L'amour qui émane des enfants cristal est irrésistible. Même les gens qui sont habituellement mal à l'aise avec les enfants sont attirés par la chaude personnalité des enfants cristal.

Lori, mère d'Isabelle, âgée de 12 semaines, que nous avons rencontrée précédemment, dit que sa fille attire l'attention des gens de façon inhabituelle – même s'il est vrai qu'elle est un très joli bébé ! Lori explique :

> *Même les gens qui sont habituellement mal à l'aise avec les enfants sont attirés par la chaude personnalité des enfants cristal.*

« Tout le monde est très attiré vers elle. Je sais bien que les gens aiment les enfants et sont très intrigués par eux, mais c'est différent dans le cas d'Isabelle. Elle semble attirer les gens à elle comme un aimant fait d'amour et de lumière purs. Tout le monde fait sans cesse les mêmes commentaires à son propos. Ils disent toujours qu'elle est très belle – oui, je sais, tous les bébés sont beaux… mais pas comme ça. Il y a quelque chose de si unique chez elle qui irradie de l'intérieur, une brillance réellement empreinte de bienveillance qui lui confère une beauté particulière. Isabelle possède aussi des yeux extraordinaires. Ils sont remplis d'amour, d'intelligence et de sagesse. »

Où qu'ils aillent, les enfants cristal administrent des doses roboratives d'amour aux gens qu'ils rencontrent. Ils sont en quelque sorte des guérisseurs itinérants, se déplaçant dans des poussettes pilotées par des parents qui ne sont pas toujours conscients de l'importante fonction qu'ils remplissent en promenant ainsi leurs tout-petits dans les endroits publics.

Stephanie et Mark Watkeys, qui habitent New South Wales, en Australie, sont les fiers parents de Bryn, maintenant âgé de 13 mois. Voici ce que nous disent les Watkeys :

« Bryn attire les gens comme un aimant partout où il va. Les personnes les plus diverses s'adressent à lui et veulent être près de lui. Notre fils est un enfant absolument adorable, plein de rires et de lumière, et il captive complètement les gens à chacune de nos sorties. Il est d'un caractère très sociable et animé. Tous les gens qui le rencontrent font remarquer à quel point il est alerte. C'est comme si ses yeux absorbaient toutes les choses et tous les gens qui se trouvent autour de lui. À l'âge de 13 mois, il a le regard d'un vieux sage, mais l'insouciance d'un bébé heureux ! »

La grand-mère de Victoria raconte que sa petite-fille de trois ans a toujours été très consciente des choses, et qu'elle possède une très grande intelligence et une sensibilité remarquable pour son âge. « Victoria est toujours le centre de l'attention, même quand elle ne dit rien ! ajoute sa grand-mère. De parfaits inconnus sont attirés par elle et se mettent à lui parler tout d'un coup. »

Ce phénomène met en évidence l'origine des enfants cristal et l'objectif qu'ils sont venus remplir sur terre. Leur fréquence spirituelle de niveau élevé et leur personnalité exempte d'ego indiquent qu'ils sont très évolués sur le plan spirituel. D'où viennent-ils ? Ils ont des points communs avec les extraterrestres, dont on dit qu'ils ont de grands yeux et de petites bouches et qu'ils communiquent par télépathie. Cependant, la chaleur que dégagent les enfants cristal diffère de l'énergie mécanique perçue par les témoins lors de la plupart des rencontres avec des extraterrestres.

Peut-être sommes-nous en présence d'un type hybride d'anges incarnés, déguisés en merveilleux petits garçons et petites filles. Mais une chose est certaine : ces enfants sont ici autant pour nous prodiguer un enseignement que pour nous sauver… de nous-mêmes. Mais nous devons *aider* les enfants cristal à nous aider. Le premier pas dans cette direction consiste à bien comprendre leurs qualités uniques et merveilleuses.

· · · ✳ · · ·

CHAPITRE 3

Retards de langage, télépathie et transes

À l'âge de deux ans, Harry a été diagnostiqué par les médecins comme étant « autistique » lorsqu'il est devenu apparent qu'il n'apprenait pas à parler aussi rapidement que la normale. Au début, comme ses parents et son médecin le croyaient atteint d'un trouble de l'ouïe, ils ont fait placer des tubes de tympanotomie (à des fins de protection) dans ses oreilles. Mais Harry ne parlait toujours pas. Écoutons sa mère, Karenanne :

« Harry a toujours eu un tempérament radieux, et son incapacité verbale ne lui causait aucune angoisse.

C'est comme s'il avait décidé de se mettre à parler seulement quand il serait prêt. Il en allait de même pour ses aptitudes en lecture. Il n'a jamais éprouvé aucun intérêt pour les livres d'enfants mais, lorsqu'il a commencé à s'intéresser au jeu Pokémon, il a montré qu'il savait bel et bien lire et il s'est mis à dévorer les manuels d'instructions. »

À l'âge de cinq ans, Harry a commencé à parler. C'est comme si ses aptitudes en lecture et en écriture avaient été réveillées après être restées dormantes pendant de nombreuses années. Aujourd'hui, à neuf ans, Harry lit des encyclopédies jeunesse pour le plaisir et possède un bon bagage de connaissances générales pour son âge.

Harry était-il préalablement autistique ? Son type de personnalité va à l'encontre de cette hypothèse. N'oublions pas que la personne atteinte d'autisme vit dans son petit monde à elle, coupée des autres. Elle ne parle pas parce qu'elle ne *remarque* pas les autres.

Harry, en revanche, pose fréquemment des questions aux étrangers, et il approche souvent les autres enfants pour leur poser des questions sur un de leurs jouets. La mère d'Harry dit qu'elle est maintenant habituée à ce que son fils adresse la parole aux étrangers. « Et ce qui surprend, dit-elle, c'est que les gens sentent son énergie pleine d'amour et acceptent de la recevoir, sans se plaindre d'avoir subi une invasion de leur intimité. Harry enseigne aux gens à être plus ouverts. »

Alors pourquoi le garçonnet a-t-il reçu un diagnostic d'autisme ? Le fait de commencer à parler ou à lire plus tard que les autres justifie-t-il un diagnostic si sérieux ? Pourquoi ne pas dire de ces enfants sensibles qu'ils sont des « retardataires de la parole » au lieu de les catégoriser comme malades en leur assénant des diagnostics psychiatriques qui créent chez eux un sentiment de honte ?

Des centaines de parents d'un peu partout dans le monde ont soumis des témoignages en vue du présent livre, racontant que leurs enfants cristal « prenaient bien leur temps » pour se mettre à parler. Peut-être qu'avant de qualifier ce phénomène « d'épidémie d'autisme », comme l'ont fait les médias et le minde médical, nous devrions l'examiner de plus près pour y déceler des signes de l'évolution de la race humaine.

Et qui sait, peut-être n'avons-nous plus vraiment besoin de la parole ! Peut-être cette faculté est-elle aussi désuète que les orteils que nous utilisions jadis pour grimper aux arbres ! La télépathie pourrait-elle se comparer au pouce opposable que nous avons acquis au fur et à mesure de l'évolution – bref, s'agirait-il d'un outil essentiel pour faire face à un monde en plein changement ?

Il est vrai que la parole paraît maladroite et imprécise comparativement à la communication mentale. De nombreux scientifiques œuvrant dans les grandes universités comme Stanford, Princeton et Yale ont étudié ce phénomène. Ces études ont donné lieu à des données vérifiables corroborant la thèse selon laquelle la télépathie est un comportement mesurable et réel. J'ai écrit à propos de ces recherches scientifiques dans mon livre *The Lightworker's Way* (Hay House, 1997).

Je me souviens de ma première expérience (d'envergure) avec la télépathie. J'avais 17 ans, et mon grand-père bien-aimé venait de trouver la mort dans un accident de la route. Une heure après sa disparition, il m'est apparu. Entièrement réveillée et sobre, j'étais en totale communication avec lui. À part la lueur blanche aux reflets bleuâtres qui l'enveloppait, il avait son apparence habituelle. Puis il a commencé à me parler, non pas au moyen de paroles, mais avec son esprit. J'ai entendu sa voix dans ma tête aussi clairement que s'il avait été vivant et qu'il m'avait parlé à l'oreille. Il m'a dit de ne pas être triste pour lui, car il allait bien. Nous avons ensuite communiqué un peu plus, puis il est parti. Le frère du défunt, qui vivait dans une ville éloignée, a également affirmé avoir vu l'esprit de mon grand-père ce soir-là.

Cet incident m'a enseigné à faire confiance aux communications mentales que j'avais fréquemment reçues au cours de ma vie et que je continuais à recevoir en provenance des anges et du monde des esprits. Cela m'a aussi aidée lorsque je suis devenue médium à temps plein quelques années plus tard. Et cela continue de m'être utile dans mon travail d'écriture et de conférencière. Lorsque les gens me font des compliments sur mes aptitudes parapsychiques ou ma productivité en matière d'écriture, je leur réponds toujours : « Merci. J'ai une bonne capacité d'écoute. »

Être le parent d'un enfant cristal nécessite aussi une bonne capacité d'écoute. Et le simple fait d'avoir un tel enfant semble éveiller chez les parents des aptitudes parapsychiques latentes. Andrea Kiger dit d'Abbie, sa fille de trois ans, qu'elle est « un enfant cristal classique » parce qu'elle correspond parfaitement au profil de ces enfants. Andrea affirme avoir donné naissance non seulement à ce petit être très spécial, mais aussi à ses propres capacités parapsychiques. « J'étais capable de savoir des choses à partir de nulle part, de voir des personnes qui avaient trépassé et de communiquer avec elles, raconte Andrea. Cela a commencé le lendemain de la naissance d'Abbie. Je suis certaine que sa venue au monde a constitué pour moi une sorte d'éveil. »

Les personnes qui se sont rendues aux frontières de la mort rapportent une augmentation de leurs capacités parapsychiques à la suite de cette expérience. Selon bien des gens, le fait d'être en présence d'un sentiment d'amour infini, comme celui qui existe dans l'au-delà, a pour effet de créer une ouverture parapsychique. Il n'est donc pas étonnant que le fait d'être le parent d'un enfant cristal débordant d'amour ait le même effet. Les enfants cristal choisissent également des parents et des grands-parents dotés d'une sensibilité parapsychique : cela fait partie de leurs techniques de « survie sur la terre ». Après tout, si ces enfants ne communiquent pas verbalement, ils doivent choisir des mamans et des papas doués en matière de télépathie pour s'assurer que leurs besoins soient remplis.

Comme je l'ai déjà mentionné, il est très fréquent que les enfants cristal commencent à parler à l'âge de trois ans ou plus tard. C'était le cas d'une petite fille de six ans fort justement appelée Crystal. Teresa Zepeda, sa mère, raconte :

« Crystal n'a prononcé que trois mots (*maman*, *papa*, *non*) jusqu'à l'âge de trois ans, où elle a soudain commencé à faire des phrases complètes. Avant cet âge, elle ne s'exprimait que par grognements et charades. Nous l'appelions le « bébé des cavernes ». Mais elle avait sa façon de nous faire savoir ce qu'elle voulait sans dire quoi que ce soit. J'imagine qu'elle communiquait par télépathie. Ça ne peut pas être autre chose. Comment aurais-je pu savoir autrement ce qu'elle pensait ? »

La fille de Teresa est à l'image de ce que bien des parents décrivent, c'est-à-dire des enfants qui, au départ, ne verbalisent que de façon minimale, et se mettent du jour au lendemain à manifester de fortes aptitudes verbales. Catherine Poulton dit que son fils Kylan, âgé de cinq ans, n'a commencé à parler qu'à l'âge de trois ans. « Kylan ne parlait pas, ne prononçait même aucun mot, puis soudain, un jour, il s'est mis à faire des phrases complètes », dit-elle.

Le phénomène du retard de langage n'est considéré comme un problème que par les personnes qui s'en inquiètent d'avance. Pour les parents qui ont moins tendance à s'en faire, le problème n'existe pas. C'est le cas de Beverly Moore, mère d'Ethan, âgé de cinq ans. « Ethan n'a parlé qu'à l'âge de trois ans, raconte Beverly. De plus, il n'a jamais employé le « langage bébé ». Je ne m'en suis jamais trop fait, me disant qu'il parlerait quand il aurait quelque chose à dire. Je n'ai jamais eu de problème à comprendre ce qu'Ethan voulait. »

Toutefois, il n'est pas toujours facile pour les parents d'accepter avec nonchalance que leur enfant soit « différent ». Une femme m'a avoué se sentir mal à l'aise en compagnie d'autres mamans parce qu'elle craignait de se faire juger et que son fils soit considéré comme « muet ». Certains parents décident de prendre les choses en main en faisant des recherches, en lisant tous les livres portant sur les retards verbaux et en instituant des changements comportementaux et diététiques susceptibles de stimuler le développement verbal de leurs enfants. Evie raconte que sa fille de deux ans, Mei, a réagi favorablement lorsqu'elle a commencé à lui prodiguer un enseignement à domicile :

> « Mei était une enfant heureuse et alerte qui a commencé à marcher à l'âge de dix mois, mais qui n'a décidé de se mettre à parler que tardivement. Nous avons donc dû la faire examiner au cas où elle serait atteinte d'un trouble de la parole. Elle a obtenu des résultats très élevés dans les domaines social et cognitif, mais elle ne parlait pas. À l'âge d'environ 15 mois, elle prononçait un

mot ici et là. En fait, son premier mot a été « Bonjour ! » Le médecin a dit qu'elle accusait un retard d'environ quatre mois dans le domaine de la parole. Je me suis alors mise à travailler avec elle à la maison, et aujourd'hui elle parle beaucoup. À l'âge de deux ans, elle connaît toutes ses couleurs et toutes les lettres de l'alphabet, et elle sait compter jusqu'à dix. »

Plusieurs mamans m'ont rapporté que leurs enfants cristal apprécient l'attention supplémentaire que leur procure l'enseignement à domicile, et que ce type d'enseignement leur permet souvent d'enrichir leur vocabulaire.

Mais il existe de nombreuses façons de s'exprimer. Bien des parents disent que leurs enfants inventent leur propre forme de langage. Une femme m'a raconté que son enfant avait fait des efforts délibérés pour lui enseigner le mode de communication qu'il avait inventé afin qu'ils puissent tous les deux se comprendre. Kelly Colby-Nunez dit que ses plus jeunes enfants préfèrent communiquer par le dessin : « Mes enfants (âgés de 6 ans,

4 ans et 15 mois) préfèrent le dessin à la parole et passent des heures à dessiner. Mon fils de six ans m'a également raconté qu'il communiquait souvent avec ses amis sans faire appel à la parole. »

Peut-être qu'une des raisons pour lesquelles les enfants cristal commencent à parler plus tardivement que les générations précédentes est que la parole constitue un mode d'expression qui leur est étranger. C'est ce que soupçonne Sue Jalil à propos de Sean, son fils de quatre ans :

« Sean est très porté sur la communication télépathique, et il a commencé tard à parler, si tard qu'on a dû lui installer un tube dans l'oreille pour l'aider à mieux entendre. Ce n'est que récemment qu'il a pu surmonter certaines de ses difficultés en matière d'expression verbale. Même aujourd'hui, il a beaucoup de difficulté à former certaines lettres. Je crois qu'il en est à son premier séjour sur la planète Terre, et qu'il n'a pas l'habitude d'utiliser sa bouche et sa langue pour communiquer, car il s'est toujours servi de la télépathie par le passé. Soit dit en passant, les tubes n'ont eu absolument aucun effet. »

De nombreux parents et médecins croient que les enfants qui commencent à parler tardivement souffrent d'un problème d'ouïe d'ordre médical. Penny raconte que ses deux filles ne se sont mises à parler qu'à l'âge de trois ans. Elle leur a fait examiner les oreilles, et tous les tests ont indiqué que l'ouïe de ses filles était parfaite. Penny affirme que, de toute façon, elle ne s'était jamais fait trop de mauvais sang à ce propos :

« Quelque chose me disait que le problème ne venait pas d'un trouble de l'ouïe. Mon instinct me disait que mes enfants n'éprouvaient tout simplement pas encore un grand besoin de s'exprimer par la parole. Mon aînée semblait posséder un langage bien à elle. Nous ne comprenions pas ce qu'elle disait, mais elle parlait continuellement. Et j'ai toujours été capable de savoir ce que mes deux filles voulaient ou ce dont elles avaient besoin. »

Penny affirme que la plus grande difficulté qu'elle a éprouvée avec ses enfants cristal venait de la perception des autres :

« Les gens posaient à mes enfants des questions, et les petites ne répondaient pas ou ignoraient la réponse. Or, il se trouve que les gens ont certaines attentes lorsqu'ils s'adressent à des enfants de cet âge, et que mes filles ne répondaient pas à ces attentes. Par exemple, j'essayais de leur apprendre quel âge elles avaient ou l'endroit où se trouvait leur nez, mais ces connaissances ne les intéressaient pas le moins du monde. »

Penny se rappelle s'être sentie mal à l'aise et jugée lorsque ses enfants n'arrivaient pas à répondre aux questions des gens. De plus, sa gardienne a rapporté son cas aux services de protection de la jeunesse parce que les petites filles s'exprimaient peu par la parole et aboyaient souvent en prétendant être des chiens.

Penny ajoute qu'à l'instar de nombreux enfants cristal ses filles avaient un développement moteur parfaitement normal, mais des aptitudes verbales qui tiraient de l'arrière par rapport à la norme. Cependant, quand les deux petites filles ont atteint l'âge de trois ans, elle se sont subitement mises à parler normalement. « Je n'ai jamais douté qu'elles fussent très intelligentes, dit Penny. Je dois me rappeler constamment à moi-même qu'il n'y a aucun problème à ce que mes petites soient différentes des autres. Elles vont devenir des personnes très spéciales. Je le sais. »

Les parents qui semblent avoir le plus de facilité avec les enfants qui parlent tardivement sont ceux qui apprennent à communiquer par télépathie et qui savent déchiffrer et employer le langage corporel. Voici ce que dit une mère du nom de Crystal : « Ma fille a presque deux ans. Elle ne parle pas encore et n'en éprouve pas le besoin. En nous regardant, nous savons ce que l'autre veut ; alors, pour le moment, il semble que la parole soit inutile. »

Une autre maman appelée Misty Rose a eu beaucoup de facilité à communiquer non verbalement avec sa fille Leah. Mais Misty ajoute : « Quand Leah a atteint l'âge de 12 mois, nous avons dû lui rappeler que ce n'était pas tout le monde qui pouvait communiquer avec elle par télépathie, et qu'elle devait par conséquent apprendre à employer des mots. »

Cette précision a semblé porter ses fruits. Maintenant âgée de deux ans, Leah s'exprime verbalement à un niveau qui est habituellement celui des enfants de trois ou quatre ans. Une partie des devoirs dont doivent s'acquitter les parents des enfants cristal consiste à les mettre « au courant » des usages en ce qui a trait à la vie sur terre.

La communication télépathique

Les enfants cristal naissent avec des aptitudes parapsychiques. Nouveau-nés, ils bougent les yeux et tournent la tête pour suivre du regard les anges et les guides spirituels qui les entourent. Comme ces enfants possèdent des dons spirituels innés, il est normal qu'ils soient capables de lire profondément dans l'esprit des gens. De nombreux parents m'ont raconté des histoires similaires à celle de Natarsha.

Les enfants cristal naissent avec des aptitudes parapsychiques.

Natarsha est la mère de Tyrique, un garçon âgé de cinq ans. Elle raconte que son fils a toujours dit des choses renversantes. « Je vous jure qu'il peut lire dans mes pensées », s'exclame-t-elle.

Un jour, mère et fils étaient tous deux assis en silence dans un autobus. Natarsha s'est alors demandée mentalement si Tyrique allait passer le week-end chez son père. C'est alors que Tyrique a lancé : « Papa vient me chercher vendredi pour m'emmener chez lui. »

Le jour suivant, Natarsha était en train de réfléchir à ce qu'elle allait préparer pour dîner lorsque Tyrique a dit : « Maman, j'ai une bonne idée. Pourrais-tu préparer ton plat de riz ce soir ? »

Lorsque Natarsha a demandé à Tyrique comment il pouvait savoir ce qu'elle pensait, il a répondu : « C'est Dieu qui me l'a dit dans ma tête. »

La capacité d'écoute spirituelle de Tyrique s'est avérée utile à plus d'une occasion. Un jour, alors qu'elle se préparait pour se rendre au travail, Natarsha éprouvait toutes les difficultés du monde à remonter la fermeture éclair de son pantalon. Ce n'est pas que le pantalon fut trop petit, mais tout simplement que la fermeture était difficile à manœuvrer. Soudain, Tyrique est entré dans la chambre et s'est adressé à sa mère en ces termes : « Maman, il faut que tu boutonnes les pantalons en premier ; ensuite, tu pourras remonter la fermeture. » Natarsha s'est demandé comment diable son fils avait pu savoir qu'elle se débattait avec sa fermeture éclair.

« J'ai voulu lui faire plaisir en suivant son conseil, et j'ai boutonné mes pantalons pendant qu'il me regardait, raconte-t-elle. J'ai ensuite essayé de remonter la fermeture éclair, en me disant que *je n'y arriverais pas*. La fermeture a alors glissé comme un charme ! Quand Natarsha a demandé à Tyrique ce qui l'avait incité à venir à la salle de bain pour l'aider, il a simplement dit, avant de s'éloigner tranquillement : « Je l'ai su, c'est tout. J'écoute mon esprit. » Aujourd'hui encore, Natarsha doit boutonner son pantalon avant de remonter la fermeture éclair.

§ § §

Les enfants cristal nous enseignent à faire confiance à notre intuition et à nos sentiments. Tout comme Natarsha, Carolyn a questionné Haley, sa fille de six ans, à propos de ses aptitudes télépathiques. Haley a répondu qu'elle pouvait voir à l'intérieur du cerveau de sa mère et lire dans ses pensées.

Depuis 1996, je donne un peu partout dans le monde des cours de développement parapsychique. J'ai découvert qu'une des principales choses à faire pour approfondir nos aptitudes parapsychiques consiste à remar-quer les pensées, les sentiments, les mots et les images qui nous viennent à l'esprit et à leur faire confiance. Les enfants cristal constituent de parfaits modèles à cet égard. Jaimie dit qu'Isabella, sa fille de 18 mois, prononce avec assurance les mots « papa, papa » quelques instants avant que son père arrive à la maison. Souvent, quand le téléphone sonne, si elle dit « mamie », c'est à tout coup parce que sa grand-mère est au bout du fil.

L'une des raisons pour lesquelles les enfants ont de si grandes habiletés parapsychiques est qu'il leur importe peu que ces messages intuitifs soient imaginaires ou non. Ils ne se rongent pas les sangs à se demander si quelque chose est vérité ou chimère. Pour eux, *tout* est vrai !

Il est évident que les enfants cristal sont capables de lire dans les pensées. Magda affirme qu'il arrive fréquemment à sa fille de quatre ans de verbaliser ses pensées. « Par exemple, se souvient-elle, un soir que je la regardais dormir dans son lit et que je lui ai dit *je t'aime* en pensée, elle m'a répondu dans son sommeil ' Je t'aime aussi ! ' »

Au fur et à mesure que les cristaux grandissent, ce don télépathique peut être soit cultivé, soit étouffé. Il peut s'épanouir lorsque les parents en font l'éloge et tentent de stimuler leurs propres aptitudes en la matière. En revanche, si les parents manifestent de la peur et de l'anxiété devant la capacité de leur enfant à lire dans les pensées, ce don ne pourra jamais se réaliser pleinement.

La télépathie fait partie de l'arsenal divin qu'utilisent les enfants cristal pour débarrasser la terre de la duplicité. Lorsque quelqu'un communique entièrement par télépathie, personne ne peut lui mentir. Parvenus à l'âge adulte, les enfants cristal seront en mesure de savoir avec certitude si un politicien ou un vendeur leur raconte des sornettes. Collectivement, ils inciteront les habitants de la planète à vivre avec intégrité.

La télépathie comporte aussi un avantage plus immédiat. Crystal raconte qu'elle fait appel à la télépathie pour communiquer avec Zoey, sa fille de trois ans, dans les situations d'urgence. Par exemple, si Zoey s'éloigne trop dans un endroit public, Crystal crie « Stop ! » par voie télépathique, et la petite s'arrête immédiatement et se retourne vers sa mère.

Les transes

Il arrive que les enfants cristal entrent en transe, un état dans lequel ils ne semblent pas entendre leurs parents. Cela se produit particulièrement lorsqu'ils se trouvent à l'extérieur, dans la nature. Or, cet état de transe est la caractéristique sur laquelle on s'appuie souvent pour émettre un diagnostic d'autisme. Mais dans le cas des enfants cristal, ce diagnostic est erroné, car ces enfants ne se coupent du monde que *temporairement.* De plus, les enfants cristal sont très empathiques et liés aux autres, et très aimants envers autrui. Les enfants qui souffrent véritablement d'autisme n'entretiennent absolument aucun lien avec le monde extérieur.

Personnellement, j'entre en transe lorsque je suis en séance de channeling ou que je reçois de l'information de l'au-delà. À l'époque où je n'avais pas encore accepté complètement mes dons spirituels, il m'est arrivé à de nombreuses reprises de recevoir des messages des anges alors que je regardais la télévision. En effet, la télévision incite l'esprit à se concentrer sur un point unique, de la même façon que les miroirs d'obsidienne (miroirs noirs utilisés en divination) et les boules de cristal constituent des points focaux.

Andrea raconte qu'Abbie, sa fille de trois ans, entre elle aussi en transe lorsqu'elle regarde la télévision :

« Quand le téléviseur est allumé, Abbie devient si absorbée qu'elle n'entend plus rien de ce qui se passe autour d'elle. C'est pourquoi nous devons à tout prix limiter le temps qu'elle passe devant le petit écran. Abbie est un esprit délicat et une guérisseuse qui ne fait qu'un avec la nature et les animaux. Or, même si la technologie va complètement à l'encontre de qui elle est, elle semble avoir un énorme pouvoir d'attraction sur elle, et ma fille ne peut échapper à son emprise. Pour qu'Abbie soit en mesure d'entrer en interaction avec sa famille, nous devons fermer les ordinateurs et les postes de télévision. »

Une autre maman, Denise Bunning, m'a dit que sa fille Alice entrait souvent en transe lorsqu'elle était plus jeune. Pour obtenir l'attention de sa fille, Denise plaçait alors avec ses mains le visage de sa fille bien en face du sien. Maintenant âgée de cinq ans, Alice emploie la même méthode avec sa mère. Chaque fois que Denise ignore sa fille, celle-ci prend le visage de sa mère entre ses mains et le tourne vers le sien !

Comme je l'ai mentionné plus tôt, de nombreux parents m'ont rapporté que leurs enfants deviennent extrêmement concentrés – comme s'ils étaient en transe – lorsqu'ils se trouvent dans la nature. Les enfants cristal peuvent rester assis par terre pendant de longues minutes à examiner des insectes ou des feuilles. Cette faculté de concentration est un don que les enfants cristal trouveront utile dans l'avenir lorsque, devenus adultes, ils seront appelés à assumer des responsabilités de leadership.

· · · ✳ · · ·

CHAPITRE 4

Une sensibilité à fleur de peau

L es enfants cristal se fient à leur intuition pour détecter la vérité à propos des gens et des situations, au lieu de faire des déclarations basées sur l'apparence physique ou les jugements de valeur. Comme un radar, leur intuition scrute constamment leur environnement. Nul ne peut soustraire ses vraies pensées, ses sentiments ou ses intentions de l'exquise vigilance des enfants cristal. Et ces enfants ne peuvent pas non plus fermer les yeux devant la vérité, même s'ils préféreraient souvent s'en passer. En effet, cette sensibilité semble parfois relever davantage de la malédiction que de la bénédiction. Car les personnes sensibles absorbent parfois par inadvertance des énergies négatives qui peuvent les affecter de façon défavorable.

Danica raconte que Koa, son fils de trois ans, fait preuve d'une grande sensibilité. Le grand défi de Danica consiste à trouver des moyens d'aider son fils lorsqu'il est affecté par l'énergie des autres. Voici ce qu'elle en dit :

« Koa est tellement sensible que, si quelqu'un est en colère, frustré ou en proie à de violentes émotions (même si personne d'autre ne remarque ou si l'individu concerné fait tout pour le cacher), il se met à tout extérioriser. Il est difficile d'être le parent d'enfants hautement sensibles, car ces petits sont très affectés par leur environnement.

« Maintenant que nous avons un merveilleux foyer empreint d'une exquise énergie, notre fils file le parfait bonheur. Dans certains des endroits où nous avons vécu antérieurement, l'énergie qui régnait dans la maison était souvent à elle seule source de pleurs et de confusion. Koa est à son meilleur lorsqu'il est entouré d'énergies positives et, pour lui, il est essentiel de vivre dans une demeure où règne une énergie de qualité. »

Il existe une façon de vous assurer que votre foyer projette de l'énergie positive. C'est d'appliquer les principes du feng shui, l'art chinois ancien de disposition spatiale des objets. Les techniques de purification de l'espace constituent une autre méthode. La première méthode est décrite en détail dans *Le guide pratique du feng shui*, de Terah Kathryn Collins, et j'ai décrit la deuxième dans mon livre *Angel Therapy* (tous deux publiés chez Hay House).

Une sensibilité aux énergies du monde

Les enfants cristal sont très affectés par l'énergie collective de la planète. Lorsque des masses de gens prennent peur ou qu'un événement est sur le point de bouleverser le monde, les enfants cristal deviennent parfois déprimés ou agités.

Les enfants cristal sont très affectés par l'énergie collective de la planète.

Sara raconte que son fils Zak était âgé de deux ans lors des événements du 11 septembre 2001. Comme la famille vit à Londres, l'événement est survenu vers 22 heures, heure locale, alors que Zak était endormi depuis 19 heures. Sara a pris connaissance de l'attaque perpétrée contre les tours jumelles en écoutant le bulletin de nouvelles télévisées, qui retransmettait l'événement pratiquement en direct. Quelques secondes plus tard, elle a entendu des bruits bizarres en provenance de la chambre de son fils.

Sara est immédiatement accourue dans la chambre de Zak. Elle nous raconte ici les moments terrifiants qui ont suivi :

« Il était dans un état terrible, s'étranglant littéralement avec ses mains car il n'arrivait plus à respirer ! Je n'avais jamais rien vu de tel auparavant ! J'ai alors entendu une voix désincarnée me dire 'Appelle une ambulance !', ce que j'ai fait sans délai. À l'arrivée de l'ambulance, les membres de l'équipe paramédicale ont jeté un coup d'œil à Zak et crié 'Code bleu !', puis l'ont conduit à toute vitesse à l'hôpital. À l'intérieur de l'ambulance, Zak tentait par tous les moyens de respirer, et j'ai eu peur qu'il soit sur le point de quitter la planète. »

« À son arrivée à l'hôpital, Zak avait le visage bleuâtre. Les médecins ont alors constaté qu'il faisait une crise de croup potentiellement mortelle. J'ai su que c'était très grave quand j'ai regardé les médecins, qui étaient tous livides. Me sentant guidée en esprit, j'ai enlevé mon collier de cristaux et je l'ai tenu au-dessus de Zak, tout en priant pour sa guérison. Et il est revenu à lui. Les médecins m'ont avoué plus tard que c'était le pire cas de croup qu'ils aient jamais vu. »

Un enfant cristal américain du nom de Chad a également manifesté une grande empathie face à la situation déclenchée par les événements du 11 septembre. Élève de première année, Chad a rédigé ce qu'il ressentait face à tout ça :

« Mon rêve est d'aider la population d'Afghanistan. Les gens meurent là-bas. Même s'ils ont tué de nombreux citoyens de notre pays, il faut traiter les autres de la façon dont on voudrait l'être soi-même. Il faut aider son voisin. Les maladies abondent dans ce pays. C'est triste que tant de gens aient fait ça, mais je leur pardonne. »

Les parents qui s'inquiètent en voyant leurs enfants déprimés, hyperactifs ou anxieux devraient tenter de déterminer s'ils sont affectés par les événements mondiaux. De nombreux enfants ressentent sans le savoir les impacts de l'énergie de la planète. Invoquez l'archange Michel pour qu'il protège vos enfants, ou demandez à Mère Marie (tous les deux ne sont rattachés à aucune religion) de les réconforter. Parlez à vos enfants, et invitez-les à exprimer leurs peurs et leurs frustrations ouvertement.

Une sensibilité particulière

Les générations qui ont précédé les indigos et les enfants cristal avaient la capacité de prétendre que tout allait bien, même si ce n'était pas le cas. Les nouveaux enfants – en particulier les enfants cristal – ne peuvent pas s'offrir le luxe de nier la réalité. Ils éprouvent les émotions des autres comme s'il s'agissait des leurs.

Catherine affirme que sa fille de trois ans est l'une des personnes les plus observatrices qu'elle ait rencontrées. « Rien ne lui échappe, dit-elle. Ma fille est très à l'écoute des gens et de leurs émotions. En fait, mon mari et moi devons faire très attention lorsque nous avons un désaccord en sa présence, car elle essaie de jouer le rôle de médiatrice et n'est satisfaite que lorsque tout le monde est en paix. Elle nous demande sans cesse si nous sommes heureux jusqu'à ce que nous le soyons vraiment. »

Les enfants cristal sont ici à titre de pacificateurs, et ils se sentent interpellés quand quelqu'un n'est pas en paix. Aux dires de leurs mamans, c'est le cas de Taylor, Emily, William et Zoey, tous des enfants de trois ans :

- Taylor interrompt toute activité quand un autre enfant se met à pleurer. Il s'enquiert de ce qui ne va pas, et essaie de déterminer en quoi il peut aider. Tous les jours, il raconte à ses parents quels enfants ont pleuré au centre préscolaire, et pourquoi. C'est comme si sa préoccupation première était d'aider ceux et celles qui sont tristes.

- Emily ne possède pas un vaste vocabulaire mais, quand elle parle, elle a tendance à se concentrer sur les émotions. Wendy, sa mère, voit les choses ainsi : « Emily est très perceptive pour ce qui est des émotions qui bouillonnent à l'intérieur des adultes, et elle possède en quelque sorte le langage et la capacité de les identifier et de mettre le doigt dessus (en dépit de mes efforts pour lui cacher mes sentiments et mes pensées). »

- William est facile à blesser, et il se sent accablé quand il croit avoir fait quelque chose de mal sans s'en rendre compte.

- Zoey étreint et console toutes les personnes qu'elle voit pleurer. Elle leur dit : « Ça va, tout ira bien, je vais chasser ta douleur. » Et elle dit à toutes les personnes qu'elle rencontre qu'elle les aime.

Rihana et Isabelle sont elles aussi des êtres très sensibles :

- Rihana, 12 mois, se met à pleurer à chaudes larmes lorsqu'elle croit avoir fait du mal à quelqu'un, émotionnellement ou physiquement.

- Isabelle, âgée de 12 semaines, devient facilement triste lorsqu'elle est en présence de gens en colère ou négatifs. « Isabelle apporte aux gens la paix et le calme, ajoute sa mère. Son énergie est si forte et bienveillante qu'elle a sur eux un effet calmant instantané. »

Une sensibilité physique

Les enfants cristal sont sensibles non seulement sur le plan émotionnel, mais aussi sur le plan physique. Il se sentent souvent perturbés lorsque les stimuli sont trop abondants.

- **Les enfants cristal sont sensibles aux bruits stridents.** Penny affirme que ses filles, respectivement âgées de deux et de quatre ans, deviennent très troublées lorsqu'une personne en colère élève la voix. « Je fais plus attention maintenant à la façon dont je communique avec mes filles quand je me sens triste ou contrariée, ajoute-t-elle. Sachant qu'elles perçoivent si clairement les émotions des autres, je dois surveiller le volume de ma voix ou l'intensité de la colère qui l'habite. »

- **Les enfants cristal sont sensibles aux foules.** Beth raconte que Taylor, son fils de trois ans, est incapable de se trouver dans des foules immenses. « Il est comme ça depuis sa naissance, dit-elle. Récemment, son centre préscolaire a organisé une soirée à l'occasion de la rentrée, et Taylor ne voulait absolument pas y participer, car il y avait trop d'activité et de bruit. Il a donc couru à l'extérieur et s'est mis à manger un biscuit sous un arbre. »

- **Les enfants cristal sont sensibles à la température.** Cathy a remarqué que son fils William, âgé de trois ans, a tendance à avoir froid plus vite que les autres.

- **Les enfants cristal sont sensibles au désordre et à la désorganisation.** Quand

Haley, six ans, sent que sa chambre est trop en désordre, elle se met à faire le ménage en annonçant : « J'ai besoin de nettoyer mon espace ! » Sa mère lui donne alors une cloche spéciale dont le tintement aide à purifier l'énergie. Après avoir cérémonieusement fait sonner la cloche, la petite s'écrie : « Maman, l'énergie de ma chambre est maintenant parfaite ! »

- **Les enfants cristal sont sensibles aux environnements chaotiques.** Mei, âgée de deux ans, devient surexcitée quand elle se trouve dans un endroit à l'activité fébrile, comme un centre commercial pendant la période précédant Noël. Sa mère affirme qu'à la maison Mei est toujours calme.

- **Les enfants cristal sont sensibles aux ingrédients artificiels et aux produits chimiques.** Jaimie dit qu'Isabella, sa fille de 18 mois, a une peau très sensible. Voici son explication :

« Je n'utilise maintenant que des ingrédients naturels sur sa peau, car les marques commerciales de savon entraînent un assèchement cutané. Nous employons plutôt un savon à l'huile de primevère. Isabella réagit toujours mieux aux médicaments naturels, et j'ai la chance d'avoir un pharmacien qui fabrique des remèdes à base d'herbes pour de nombreuses maladies infantiles. Isabella se met toujours à vomir lorsqu'elle prend des médicaments ordinaires. Cela ne passe pas, et son petit corps rejette le tout par pur réflexe. Mais elle tolère parfaitement bien les herbes médicinales. »

Apparemment invulnérables

Heureusement, les anges veillent sur les très sensibles enfants cristal. Ainsi, nombre d'entre eux semblent invulnérables, insensibles à la douleur.

La mère de Tori affirme que, même si sa fille de quatre ans joue souvent assez rudement avec ses animaux domestiques, elle s'en sort toujours sans le moindre mal. Par exemple, Tori s'allonge parfois sur le sol pour s'amuser avec ses gros chiens, qui lui sautent dessus, et s'en tire toujours avec à peine quelques petites égratignures. Et lorsque son gros chat la *mord*, il ne laisse jamais aucune marque sur sa peau.

Andrea, quant à elle, rapporte qu'Abbie, sa fille de six mois, a un jour échappé aux blessures contre toute attente. « Un jour que je portais Abbie dans mes bras, j'ai glissé sur de la glace noire dans un stationnement », commence-t-elle. Après la chute, Andrea a aperçu avec horreur sa petite fille étendue face contre terre sur le pavé, immobile. Elle l'a aussitôt retournée pour se rendre compte que l'enfant était toute souriante et qu'elle n'avait pas une seule égratignure.

Andrea ajoute qu'Abbie a souvent frôlé l'accident, sans jamais se blesser. « C'est presque comme si elle était invulnérable physiquement, même si elle est *extrêmement* sensible sur le plan émotionnel, poursuit Andrea. Elle n'aime pas le bruit intense, les gens qui se chamaillent, la violence, les jeux robustes ou la viande rouge. »

Ainsi, les enfants cristal peuvent se permettre d'être sensibles... parce qu'ils sont protégés. L'objectif hautement important qu'ils sont venus remplir sur terre leur assure la protection du ciel. Ceux d'entre eux qui finissent par se blesser vivent peut-être cette expérience car elle est nécessaire à leur croissance spirituelle.

Une bonne partie des parents qui m'ont écrit m'ont dit que ces enfants étaient non seulement immunisés contre les blessures, mais aussi qu'ils n'avaient jamais peur. L'une des raisons de cet état de fait est peut-être qu'ils s'attendent toujours à ce que le meilleur se produise. Leur optimisme attire vers eux des expériences où priment la sécurité et la protection.

Sans peur

Le petit garçon était incroyable ! Assise à l'extérieur d'un hôtel de villégiature à Kona, à Hawaï, je ne pouvais détourner les yeux de ce petit gaillard. Vêtu d'un costume plus coloré qu'un feu d'artifice, il marchait sur les murs – littéralement !

Le petit avait selon moi environ sept ans. Il trottait sur le mur de ciment de l'hôtel, d'un mètre de hauteur, avec la stabilité d'un camion à quatre roues motrices. Le rebord du mur était plus étroit que le pied du garçon, mais celui-ci ne s'en trouvait aucunement ralenti. Il avançait sans hésitation, sans même le plus petit déséquilibre. Finalement, son grand-père en a eu assez de le regarder défier la gravité et lui a demandé de redescendre sur terre. Et le garçonnet a sauté au sol comme s'il avait des ressorts aux pieds. Accompagné de son grand-père, il s'est ensuite éloigné vers l'horizon, pour finalement se fondre avec le coucher de soleil hawaïen.

Depuis ce jour, j'ai remarqué que les enfants cristal possédaient d'étonnantes habiletés motrices. Cela va dans le sens de certaines recherches récentes en matière de quotient intellectuel (Q.I.), indiquant qu'il est possible de mesurer deux types d'intelligences : verbale et non verbale. Les taux de Q.I. pour les compétences verbales sont en baisse, tandis que ceux qui se rapportent aux compétences non verbales connaissent une augmentation phénoménale. Globalement, les taux collectifs de Q.I. augmentent, car les deux types d'intelligences sont comptabilisés ensemble en vue d'obtenir un pointage cumulatif.

De nombreux enfants cristal affichent une compétence remarquable sur le plan moteur, même si leurs aptitudes verbales tirent de l'arrière. Et comme ces scintillantes habiletés motrices se combinent à une absence totale de peur, ces enfants ont le profil de braves explorateurs ! Leur intrépidité semble à la mesure de la confiance qu'ils manifestent dans certains domaines, comme cette capacité à approcher des animaux sauvages et à faire des prédictions parapsychiques.

Étant donné que la peur est une fonction du moi inférieur – l'ego –, l'absence de cette émotion chez les enfants cristal n'est qu'une autre manifestation de leur haut niveau d'évolution. Ils se font confiance, s'aiment et s'amusent tout en explorant cette planète !

Cynthia Berkeley dit de Leah, sa fille de quinze mois, qu'elle se sent très à l'aise dans son corps et qu'elle a un goût étonnant pour l'exploration :

> « C'est presque comme si Leah ne connaissait absolument pas la peur ! Elle grimpe partout et elle arrive toujours à résoudre avec la plus grande facilité n'importe quel problème portant sur la façon de manœuvrer les choses dans l'espace. Les gens remar-

quent à quel point son développement physique est avancé. Elle possède un merveilleux sens des relations spatiales, et elle escaladait et descendait déjà les escaliers à qui mieux mieux et sans aide dès l'âge de neuf mois. Lorsque nous jouons à l'extérieur, elle *adore* grimper partout ! Elle n'a tout simplement jamais peur. »

Harry, que nous avons rencontré au chapitre précédent, n'a jamais non plus manifesté de peur. Karenanne, sa mère, raconte que cette intrépidité l'inquiétait lorsque son fils était petit, mais que celui-ci a appris depuis (plus par souci de lui faire plaisir à elle qu'à lui-même) à être plus prudent. « Selon moi, Harry se sait en sécurité, et c'est pourquoi il ne s'en fait jamais pour quoi que ce soit. Il me dit toujours que je n'ai rien à craindre pour lui. Comme son esprit possède une fréquence vibratoire élevée, il est logique que l'inquiétude et la peur ne fassent pas partie de son caractère. »

Non seulement les enfants cristal ne connaissent-ils pas la peur, mais aussi semblent-ils prendre un grand plaisir à explorer leur environnement physique. Tara dit de Grant, son fils de 16 mois, qu'il est très intrépide. « Grant *adore* les prouesses d'équilibre ! raconte-t-elle. L'autre jour, je l'ai surpris debout sur son camion de pompiers, en équilibre sur le siège du conducteur. Puis il s'est tenu en équilibre sur le volant ! Les bras tendus dans les airs, il était extrêmement fier de son exploit. »

Des instincts naturels

Peut-être ces enfants sont-ils plus naturels, plus instinctifs. Ils sont en contact plus étroit avec leur corps. Après tout, les anges m'ont dit que ce type de proximité serait chose normale dans l'avenir. Depuis mon enfance, j'ai des visions d'un monde plus naturel, où la technologie est remplacée par la communication par télépathie, capacité que nous a conférée Dieu. C'est un monde où l'air est pur et l'eau propre, où règne un climat tropical et où abondent les fruits et légumes frais.

Les nouveaux enfants cristal constituent en quelque sorte les précurseurs de ce monde. Ils sont indéniablement plus proches de leur corps !

Ellen Welch a récemment acheté une bande vidéo de yoga pour ses séances de relaxation. « Comme il est suggéré de regarder la bande en entier avant d'exécuter les postures, raconte-t-elle, j'ai décidé de la faire jouer en faisant le ménage de la maison. » C'est alors qu'Erin, sa fille de quatre ans, s'est plantée devant la télévision et a exécuté tous les mouvements, ne s'arrêtant que pour demander les accessoires requis pour certaines postures. La bande vidéo contenait deux séances de yoga d'une durée totale d'environ 70 minutes. Erin a fait du yoga pendant tout ce temps, sans même prendre une pause. À un certain moment, elle s'est écriée : « Maman, ces exercices sont *vraiment* bénéfiques. Nous devrions faire une séance chaque soir avant d'aller dormir. »

Erin a raison – c'est exactement ce que nous devrions faire.

· · · ✳ · · ·

CHAPITRE 5

Des guérisseurs-nés

Les enfants cristal ont le cœur tellement plein d'amour que leur simple présence a un effet de guérison, mais ils possèdent aussi d'étonnants talents innés dans ce domaine. Même à un très jeune âge, ils semblent savoir instinctivement comment canaliser l'énergie en utilisant les mains, la pensée et même des cristaux, et sont capables de réaliser de profondes guérisons. Les histoires relatées plus loin se passent d'explications et nous donnent un aperçu de ce que sera l'avenir, où la guérison naturelle et spirituelle prendra une importance prépondérante.

Un enfant guérisseur

Les capacités naturelles de la fille d'Andrea en matière de guérison se sont manifestées dès la petite enfance. Un jour qu'Andrea avait dû rester au lit en raison d'une maladie, son mari est entré dans la chambre avec la petite fille de sept mois. Andrea raconte que sa fille, assise sur le lit à ses côtés, l'a regardée droit dans les yeux puis a appliqué les deux mains sur son ventre. « Elle est restée comme ça pendant presque dix minutes, à tel point que mon mari s'en est trouvé quelque peu perturbé, poursuit Andrea. Lorsqu'elle a eu terminé, elle est tout d'un coup redevenue un ' bébé normal ' et a voulu jouer. J'étais époustouflée. »

Les enseignements des anges

À l'âge de cinq ans, Haley s'est mise à parler à ses parents des anges qu'elle voyait et entendait. Elle leur a dit qu'elle travaillait surtout avec Raphaël, l'archange de la guérison physique. Haley disait aussi recevoir les enseignements de l'ange de la connaissance et de l'ange de l'amour. Elle a également raconté que les anges avaient apporté dans sa chambre une machine qui lui enseignait comment guérir le corps des gens. Elle disait aussi apercevoir des ombres autour des personnes malades.

Aujourd'hui qu'elle est âgée de six ans, chaque fois qu'Haley est en présence d'une personne en colère, elle tend la main à l'extérieur d'une fenêtre ouverte pour expulser l'énergie négative de la pièce. Carolyn, sa mère, raconte :

« J'adore quand Haley pose ses mains sur mes épaules et appuie doucement, et que je sens le calme m'envahir. Un jour, durant une cérémonie qui avait lieu chez moi, elle s'est levée pour aller chercher notre bol tibétain et l'a placé au-dessus de nos têtes. Puis elle a utilisé ses mains pour ouvrir le dessus de notre chakra coronal. Elle savait exactement comment procéder. Elle n'avait jamais rien fait de tel auparavant, mais tout semblait couler de source, et elle a accompli son rituel avec beaucoup de douceur, d'amour et de compassion. »

Un petit garçon guérit son chien

Magda raconte que ses deux enfants et elle ont été atterrés d'apprendre un jour que leur chien Gator était atteint d'une maladie potentiellement mortelle. Pendant que la fille de Magda fondait en larmes, Austin, son fils, s'est calmement dirigé dans sa chambre pour aller y chercher la baguette d'énergie que sa grand-mère (elle-même guérisseuse spirituelle) lui avait donnée.

Austin a ensuite promené la pierre de cristal fixée à l'extrémité de la baguette au-dessus du corps de son chien. Gator s'est alors couché par terre, comme s'il acceptait que commence la séance de guérison. On aurait dit qu'Austin et lui étaient en communication.

Austin a alors promené la baguette d'énergie au-dessus de Gator pendant environ 30 minutes, en assurant l'animal sur le fait qu'il n'allait pas mourir et qu'il allait se sentir mieux. Quand il eut terminé, le garçon a dit à sa mère avec jubilation : « Maman, Gator va bien aller. J'ai utilisé ma baguette magique, et il se sent mieux maintenant. »

Austin (qui avait été initié par sa grand-mère à la méthode de guérison Reiki) a ensuite continué pendant un mois à administrer à son chien des traitements de Reiki, en utilisant sa baguette énergétique. « Gator est maintenant en parfaite santé, raconte Magda, et ne montre aucune séquelle ; ma famille est maintenant heureuse et complète ! »

Elle se guérit elle-même ainsi que sa mère

« Crystal, ma fille de six ans, est une vraie guérisseuse ! » affirme Teresa Zepeda. Teresa dit que Crystal a réussi à se guérir elle-même instantanément à plus d'une reprise.

Lorsque toute la famille est allée en camping à la plage pour célébrer le quatrième anniversaire de Crystal, celle-ci s'est plainte d'un mal d'oreille dès son arrivée. Teresa a alors demandé à sa fille si elle se sentait capable de se guérir et lui a dit que, dans le cas contraire, ils allaient tous devoir quitter la plage pour se rendre chez le médecin. Comme Crystal voulait à tout prix rester, sa mère lui a suggéré de se rendre dans l'autocaravane et de s'étendre, puis de poser la main sur son oreille et de demander à Dieu et à Jésus de la guérir. Dix minutes plus tard, Crystal est ressortie de l'autocaravane en pleine forme. Plus de douleur, plus de mal d'oreille ! « Crystal possède une volonté de fer, ajoute Teresa. Elle voulait tellement rester à la plage qu'elle a fait en sorte que cela se produise. »

À une autre occasion, c'était le dos de Teresa qui faisait des siennes. Elle a alors demandé à Crystal de la guérir par application des mains. Elle a placé les mains de sa petite fille sur son dos, mais Crystal les a aussitôt retirées en disant : « Je n'ai pas besoin de poser les mains sur toi pour te guérir. »

« J'ai immédiatement senti la douleur se résorber, comme si elle n'avait jamais existé, raconte Teresa. Je souffrais de graves maux de dos depuis que j'avais subi une hernie discale, environ 14 ans auparavant. Avant le traitement de guérison administré par Crystal, j'étais souvent obligée de m'aliter car mon dos me faisait trop souffrir. Depuis lors, je ne me suis pas alitée une seule fois, et mon dos ne me fait mal que de temps à autre. »

Une foi absolue

Tous les types de guérison comportent un aspect lié à la foi, qu'il s'agisse de médecine traditionnelle ou alternative, ou encore d'une approche basée sur la spiritualité. Les études montrent que la foi du guérisseur et celle du patient constituent un facteur important dans l'issue d'un traitement. Or, les enfants cristal ont une foi extraordinaire en leurs capacités de guérison, et cela fait sans doute partie des raisons pour lesquelles ils sont si efficaces.

Victoria, trois ans, s'est donné le nom de « Dr Toria ». Elle possède déjà une feuille de route impressionnante en ce qui a trait au soulagement des maux de tête et de dos de ses amis et des membres de sa famille. Depuis un très jeune âge, Victoria est capable de percevoir qu'une personne s'est blessée ou ne se sent pas bien, et cherche toujours à soulager la souffrance en parsemant la blessure de baisers ou en y appliquant ses mains.

« Victoria croit qu'il est possible de 'se débarrasser des choses mauvaises', dit la grand-mère de la fillette. Quand elle effectue ses traitements de guérison, elle mime qu'elle pénètre avec ses mains dans la blessure, qu'elle en extirpe le mal et qu'elle le projette au loin dans les airs. Elle a toujours été très consciente des autres et de leurs problèmes, et entièrement certaine de pouvoir régler ces derniers ! »

> Les enfants cristal ne se contentent pas de guérir les problèmes physiques ; ils guérissent aussi le cœur des gens.

Un jour, Victoria et sa grand-mère sont allées visiter un foyer de soins pour personnes âgées. Évidemment, Victoria a voulu guérir tous les pensionnaires qui s'y trouvaient. Sa grand-mère raconte qu'il lui a été très difficile de convaincre sa petite-fille de l'impossibilité de débarrasser une personne très âgée et atteinte d'un handicap de tous ses problèmes, et de lui faire comprendre qu'une personne se déplaçant en chaise roulante était dès lors entre les mains de Dieu. Victoria aurait alors dit solennellement : « Mais, grand-mère, je parle avec Dieu ! » Sa grand-mère ajoute que la petite fille possède une confiance stupéfiante en elle-même et en sa capacité de changer le monde, et que cette manifestation de foi intense est une chose « merveilleuse à voir ».

Le réconfort apporté par les enfants cristal

Les enfants cristal ne se contentent pas de guérir les problèmes physiques ; ils guérissent aussi le cœur des gens. Ils offrent par exemple les réconforts suivants :

- **La guérison émotionnelle.** À la suite du décès de Jack, frère bien-aimé de la petite Lois O'Neill, âgée de quatre ans,

50 invités sont venus assister à une veillée mortuaire au domicile de la famille. Mick, le père de Lois, raconte qu'au lieu de tenter d'apaiser sa propre tristesse sa petite fille a passé son temps à marcher dans le jardin aux côtés des adultes éplorés. Lois expliquait à chacun d'entre eux que Jack n'était pas vraiment parti. « Lois leur a réchauffé le cœur avec sa description de notre jardin, ainsi que des anges et des fées qui y vivent », dit Mick.

- **Le réconfort.** Colin, quatre ans, sait intuitivement comment réconforter une personne qui en a besoin. Un jour que Colin et ses parents étaient allés rendre visite à des membres de la famille, une des femmes présentes est tombée malade. Colin a alors insisté pour s'asseoir en sa compagnie dans sa chambre à coucher. Même si la dame a passé la plus grande partie du temps à dormir, Colin est tranquillement resté près d'elle. Chaque fois qu'elle se réveillait, il lui apportait des boissons fraîches ou alertait la famille si elle avait besoin de quelque chose. Il a constitué pour cette femme une source réelle d'aide et d'énergie de guérison.

- **La compassion.** Les études démontrent que les enfants évitent souvent les contacts avec celles et ceux, parmi leurs semblables, qui souffrent d'un handicap. Or, cette nouvelle génération semble avoir brisé le moule, car elle fait preuve d'une compassion réelle envers les personnes qui sont aux prises avec une incapacité physique. Par exemple, Zoey, trois ans, semble se lier d'amitié *surtout* avec des enfants atteints de handicaps. L'une de ses compagnes de jeu est incapable de marcher et son corps est légèrement affaissé d'un côté.

  « Cette petite fille a fait des progrès considérables depuis qu'elle a commencé à aller à l'école avec d'autres enfants, et aussi depuis qu'elle joue avec Zoey, dit Crystal, la mère de cette dernière. C'est une expérience des plus satisfaisantes que de constater que nos enfants cristal n'ont aucun préjugé. »

- **Les conseils.** Les enfants cristal ont le don de dire exactement ce qu'il faut pour inspirer, réconforter et rasséréner les gens. D'un naturel optimiste, ils aident les gens à voir le bon côté des choses.

À l'âge de cinq ans, Carter montre déjà des aptitudes naturelles en counseling. Sa mère parle du jour où son amie Ingrid est venue lui rendre visite. Hypnothérapeute et artiste de talent, Ingrid était déprimée ce jour-là. Le petit Carter s'est alors avancé vers elle et lui a dit : « Tu es une thérapeute merveilleuse et talentueuse, Ingrid. »

« Ingrid a cru que c'était moi qui avais encouragé Carter à lui transmettre ces paroles, raconte la mère de ce dernier. Mais je l'ai assurée qu'il n'en était rien, et que je n'avais jamais entendu auparavant Carter prononcer le mot *thérapeute* ni aborder le concept de talent. Tout ce que je sais, c'est que Carter est capable de percevoir par voie parapsychique qui a besoin d'amour, puis de lui en offrir. »

Et l'offrande de cet amour constitue la mission collective des enfants cristal. Ils nous enseignent à recevoir l'amour. En tant que guides adultes, notre devoir consiste à en prendre soin et à les éduquer pour qu'ils n'aient pas peur d'aimer, en plus de les aider à acquérir la certitude qu'ils peuvent parler de leurs émotions et les ressentir pleinement, sans aucune conséquence néfaste. Nous devons les guider, en particulier pendant l'adolescence, pour qu'ils restent eux-mêmes, c'est-à-dire des êtres dotés d'une capacité naturelle d'aimer.

· · · ❋ · · ·

CHAPITRE 6

Des dispositions pour la magie et la spiritualité

Même dans les foyers où il n'existe aucune pratique religieuse ou spirituelle établie, les enfants cristal sont capables d'aborder des questions profondes et ésotériques. Parfois, ils apprennent l'existence de Dieu, de la prière, des anges, des cérémonies et autres de leurs parents, mais très souvent ils possèdent une connaissance innée de l'univers spirituel. Ils sont en quelque sorte des philosophes, des grands prêtres et des grandes prêtresses miniatures. Clairement tournés vers le divin, ils apportent également avec eux un lot de connaissances en provenance de leurs autres vies.

Un jour que ses parents étaient installés dans la salle de séjour en train de regarder le film *Speed*, Erin, trois ans, est entrée nonchalamment dans la pièce. Le film était sur le point de se terminer, et on voyait une scène où un avion et un autobus entraient en collision, provoquant une énorme explosion. Erin a cru qu'il s'agissait du bulletin de nouvelles et que des gens avaient réellement été blessés. Elle s'est alors tournée vers ses parents avec un air abasourdi, s'est agenouillée et s'est exclamée : « Il faut prier Dieu ! » Voici ce qu'en pense sa mère : « J'ai été impressionnée par le fait qu'une enfant de trois ans soit capable de passer rapidement de ' Oh, mon Dieu, c'est horrible ' à ' Il faut solliciter une intervention divine pour venir en aide à ces gens '. »

La réaction d'Erin à la tragédie – même si celle-ci n'était pas « réelle » – fait chaud au cœur. C'est un indice supplémentaire de la direction dans laquelle nous nous orientons. Imaginez un monde où toutes et tous se tournent vers la prière – au lieu de sombrer dans la peur ou l'inquiétude – en temps de crise.

Les enfants cristal possèdent de fortes inclinations philosophiques et abordent souvent des questions d'ordre spirituel qui sembleraient davantage du ressort des adultes. Melissa affirme que son fils de sept ans, Liam, pose constamment des questions auxquelles on ne s'attendrait pas d'une personne de son âge. Par exemple, Liam demande souvent ce qu'est un « corps-esprit » ou qui est Dieu. Il répond parfois lui-même à ses propres questions. Peut-être ses interrogations déclenchent-elles une réponse par voie de channeling. Par exemple, il lui arrive de dire : « Nous sommes toutes et tous Dieu. »

Melissa apprécie les préoccupations spirituelles de son fils. « Tant que Liam aura l'âme qu'il a, le monde s'en trouvera d'autant mieux », dit-elle.

L'énergie lunaire

Les enfants cristal ont des liens solides avec l'énergie terrestre, la nature, la lune et les étoiles. À l'instar des anciens druides, des Babyloniens et des Égyptiens, ils sont fascinés par les cieux étoilés et la pleine lune.

Peut-être leur sensibilité à fleur de peau les rend-elle intensément conscients des puissantes influences de guérison émanant de la lune. De nombreux enfants cristal sont capables de voir la lune et les étoiles, le soir, avant qu'elles ne deviennent visibles aux yeux des adultes.

En fait, *lune* est le premier mot qu'une enfant cristal du nom d'Isabella a prononcé ! « Isabella adore la lune et a prononcé le mot 'lune' la première fois qu'elle a aperçu cet astre, raconte Jaimie, sa mère. Cela s'est produit avant même qu'elle ait prononcé les mots 'maman' ou 'papa' ! Je l'avais emmenée dehors à l'occasion d'une superbe soirée où le ciel était d'un bleu d'encre, et Isabella, haletante, s'est écriée en pointant vers la lune : 'Oooh, la lune !' Elle était âgée d'environ neuf mois à l'époque. »

Les enfants cristal sont clairement amoureux de la lune. Alors que les autres garçons et filles s'amusent avec des jouets, ces enfants singuliers n'en finissent plus de s'émerveiller devant des cieux éclairés par la lune. Beth rapporte que Taylor, son fils de trois ans, aime s'asseoir pour contempler les étoiles ainsi que la lune. Il passe des heures assis dans sa chambre dans le noir, à regarder par la fenêtre le ciel nocturne.

Ces enfants sont également affectés par les cycles lunaires. Petra raconte que Julie, sa fille

de trois ans, fait habituellement toutes ses nuits
sans problème. Mais les
nuits de pleine lune, Julie
reste éveillée pendant une
ou deux heures.

Les enfants cristal ont des liens solides avec l'énergie terrestre, la nature, la lune et les étoiles.

Des dispositions pour la magie

Non seulement les enfants cristal
manifestent-ils des prédispositions pour la
spiritualité et des dons innés en matière de
guérison, mais certains d'entre eux sont
également des alchimistes et des magiciens
portés par une inspiration divine. Ils défient
les lois de la gravité, et sont capables de
déplacer de la matière en utilisant le pouvoir
de la pensée ! De nombreux parents m'ont
raconté des histoires détaillées sur les exploits
magiques de leurs enfants. Dans certains cas,
je n'ai eu l'autorisation de relater ces histoires
qu'à condition de préserver l'anonymat des
personnes concernées. En effet, les parents
craignaient les répercussions que pourrait
avoir la divulgation publique des dons de leurs
enfants. Étant la personne à qui ces histoires
ont été confiées, je peux affirmer qu'elles sont

véridiques. Elles sont empreintes d'une émotion et d'une authenticité qui les distinguent des histoires inventées. Je vous en donne ici quelques exemples en vous laissant le soin d'en juger.

Pour débuter, mentionnons que la *psychokinésie* est la capacité de déplacer des objets matériels en ayant recours au pouvoir de l'esprit ou à celui qui émane des émotions fortes. Il peut aussi arriver qu'un individu réussisse, à partir de son pouvoir personnel, à couper le courant électrique alimentant un appareil ménager ou même les lampadaires éclairant une rue, ou encore à faire arrêter une montre ou à empêcher des piles de fonctionner. Comme vous le lirez plus loin, certains enfants cristal accomplissent d'étonnants exploits en matière de psychokinésie.

Par exemple, il y a un garçon de sept ans qui vit en France et que j'appellerai Adam, car sa mère et son grand-père m'ont demandé de ne pas révéler son identité. Adam parle souvent de la vie sur d'autres planètes et de ses existences antérieures, en apportant moult détails sur la culture, les origines ethniques et la langue qui étaient siennes. « Alors qu'il avait trois ans, dit sa mère, Adam m'a demandé de m'asseoir et m'a dit : 'Tu sais, tu n'es pas ma première maman. Je vous ai choisis, toi et papa, pour que vous soyez mes parents maintenant, et vous faites un travail remarquable. ' »

Adam a souvent manifesté de profondes aptitudes parapsychiques. Par exemple, à l'âge de quatre ans, il a dit à sa mère : « Oh, ton père n'est pas allé au travail aujourd'hui. Il y avait une tempête ; alors, il est plutôt allé faire une promenade. » Le grand-père d'Adam vit aux États-Unis, un pays avec lequel il existe un décalage horaire de six heures. Comme ce n'était pas encore lundi aux États-Unis, et que le grand-père d'Adam ne travaille pas les week-ends, cela signifie qu'Adam voyait dans l'avenir ! Lorsque la mère d'Adam a téléphoné à son père le lendemain soir, elle n'a pas été étonnée de découvrir que la vision de son fils s'était avérée exacte.

La mère d'Adam dit également que son fils exerce un pouvoir sur les objets matériels :

« Un jour, Adam m'a montré comment allumer et rallumer une bougie sans utiliser d'allumette – alors que nous nous trouvions à l'extérieur, fouettés par des bourrasques de vent !

« Adam possède d'incroyables pouvoirs de concentration, et il est capable de faire léviter une balle de caoutchouc. Le jour où il y est enfin parvenu, je savais qu'il essayait de réussir cet exploit depuis quelque temps. Quand j'ai entendu la balle rebondir sur le sol, je suis montée à sa chambre pour voir ce qui se tramait. Adam avait réussi son exploit à au moins deux reprises avant que je n'entre dans la pièce. Il voulait me montrer de quoi il était capable, et c'est ce qu'il a fait ; je n'en croyais pas mes yeux ! La balle s'est élevée à environ deux centimètres des couvertures, puis est retombée lourdement, comme si quelqu'un venait de la projeter sur le lit ! »

La mère d'Adam m'a dit craindre les opinions des autres sur les aptitudes de son fils, car la famille habite en France, au sein d'une communauté religieuse fondamentaliste. De plus, elle s'inquiète car elle croit avoir remarqué qu'Adam devient faible et vulnérable après avoir fait léviter des objets. Espérons que ses peurs ne se transmettront pas à Adam et ne l'amèneront pas à abandonner sa pratique de la magie divine.

ഇ ഇ ഇ

Une autre femme (qui a également requis l'anonymat) m'a fait part d'une histoire similaire à propos de son fils de quatre ans et de sa fille de quatre mois. Elle raconte que sa fille, alors âgée de quelques semaines à peine, avait fait s'envoler dans les airs un jouet en bois, qui était retombé par terre à plusieurs mètres de sa position de départ. Cela s'est produit sous les yeux ébahis de quatre adultes et deux enfants. La mère est d'avis que sa fille avait provoqué ce phénomène de psycho-kinésie parce qu'elle n'avait pas été allaitée assez rapidement et se sentait contrariée. Elle ajoute que son fils était un bébé très alerte, capable de manipuler la matière qui l'entou-rait. « Je me rappelle distinctement qu'à plus d'une occasion, lorsqu'il était encore au berceau, il 'éteignait la télévision' lorsqu'il voulait notre attention pleine et entière et que nous ne la lui accordions pas assez rapidement à son goût », raconte-t-elle.

§ § §

Tout comme dans l'histoire relatée précédemment, la fille de Tina, âgée de huit semaines, est elle aussi capable d'influer sur le fonctionnement de l'équipement électrique. « Quand j'emmène ma fille au travail avec moi, explique Tina, et que je l'installe trop près de mon ordinateur, celui-ci fige à tout coup. L'autre jour, ma collègue de bureau a éprouvé des difficultés avec son écran, et notre imprimante a aussi fait des siennes. J'ai décidé de placer des petits amas de cristaux sur tous mes appareils électroniques afin de disperser les puissantes ondes émises par ma fille. »

§ § §

La visite d'un esprit

L'esprit bienveillant des enfants cristal peut également nous rendre visite comme par magie dans nos rêves ou lors de nos séances de méditation, comme des anges guides venus livrer des messages divins. Un jour, Laura Ainsworth était en train de méditer, assise sur le plancher de sa chambre, en compagnie de Beth, sa petite-fille de quatre ans. Au début, Beth s'est installée aux côtés de Laura. Puis Laura a continué à méditer et, à un certain moment, elle a entendu Beth quitter tout doucement la chambre. Voici les mots de Laura :

« J'ignore pendant combien de temps j'avais médité lorsque j'ai entendu Beth me dire d'une voix douce 'Mamie', puis à nouveau, un peu plus fort, 'Mamie !' En ouvrant les yeux, je l'ai aperçue : elle était emmitouflée dans une couverture, à l'extérieur de la chambre. J'ai souri, et elle m'a dit, avec un regard pénétrant et une émouvante sincérité : 'Je suis ici si tu as besoin de moi.'

« J'ai ensuite repris ma méditation et, moins d'une minute plus tard, j'ai entendu le bruit d'une respiration très profonde, presque un ronflement. Beth était profondément endormie de l'autre côté du couloir, dans une autre chambre. »

§ § §

Si vos enfants ne se comportent pas comme de petits sorciers ou de petites prêtresses, cela ne veut pas dire qu'ils n'appartiennent pas à la catégorie des enfants cristal. Ce ne sont pas tous ces enfants qui ont des dons de magicien. Toutefois, n'est-ce pas formidable de savoir que certains d'entre eux possèdent des talents que tous les humains pourraient manifester ? Une fois encore, les enfants cristal nous donnent un aperçu des possibilités humaines... et constituent l'exemple à suivre pour l'ensemble d'entre nous.

· · · ✳ · · ·

CHAPITRE 7

Des liens avec la nature,
les animaux et les pierres

L es enfants cristal ont beau sembler venir
d'autres planètes et d'autres dimensions,
ils sont néanmoins capables de créer des liens
profonds avec la Terre, la nature et les
animaux. Ces enfants préfèrent jouer dehors
parmi les arbres, les pierres, les fleurs et l'eau
que se trouver n'importe où ailleurs ! Certains
parents ont de la difficulté à garder leurs
enfants à l'intérieur. D'autres affirment qu'un
projet d'excursion en plein air a imman-
quablement pour effet de ramener la joie dans
le cœur de leurs enfants lorsque ceux-ci
sont d'humeur maussade. Tels de petits saint
François, ces enfants possèdent une pureté qui

les rend dignes de confiance aux yeux des animaux. Quand ils sont dans la nature, on peut pratiquement imaginer les fleurs, les oiseaux et le soleil chanter leur joie et leur bonheur de se trouver en compagnie d'un de ces délicieux enfants.

Des amis à quatre pattes

Tout comme la musique calme les bêtes sauvages, les enfants cristal ont un effet hypnotique sur les animaux. Comme nous l'avons mentionné précédemment, ils sont capables de se chamailler avec de gros chiens et avec des chats aux griffes acérées sans jamais se blesser. Les animaux perçoivent l'innocence qui habite le cœur de ces enfants. Les animaux et les enfants cristal communiquent entre eux sur la longueur d'onde de l'amour, et se comprennent parfaitement.

À 15 mois, Leah a déjà tissé de profonds liens d'amitié avec les animaux de la maison. En fait, Cynthia, sa mère, dit que le meilleur ami de Leah est leur chien Yogi. « La première fois que Leah a été capable de se tenir debout toute seule, raconte Cynthia, elle s'était agrippée à Yogi pour se hisser à la verticale. Puis Yogi s'est éloigné, et elle est restée debout toute seule. C'est très étonnant, parce que la plupart des animaux la laissent les toucher et leur tirer les poils et les flatter quelque peu brutalement. C'est de la véritable magie. Les animaux l'adorent ! »

La petite Abbie, âgée de trois ans, attire elle aussi les animaux. « Je la trouve souvent assise en compagnie de notre chien ou de nos chats, les mains simplement posées sur eux, en silence, raconte Andrea, sa mère. Je me mets alors à les observer, car cela dure pendant de longues minutes. Abbie semble avoir un effet calmant sur les animaux. »

Isabella, âgée de 18 mois, a eu l'occasion à deux reprises de nager avec des dauphins sauvages à Kona, à Hawaï. Phillipa, sa mère, raconte que les deux fois, les dauphins se sont montrés très attirés vers Isabella. « Les dauphins sont venus directement à elle, ont plongé sous elle puis ne cessaient de tourner autour d'elle. »

Les animaux, tant sauvages que domestiques, sont attirés par les enfants cristal, car ils perçoivent l'amour qui émane de ces enfants particuliers et les savent instinctivement dignes de confiance. Lorsque Hannah Caldwell, 18 mois, est allée au zoo avec sa mère, Pam, ce sont les animaux qui se sont mis à observer attentivement la petite fille, et non l'inverse !

À ce même zoo, il y avait une mère gorille qui tenait un bébé du même âge qu'Hannah. « La mère gorille et moi-même étions toutes deux en période d'allaitement, et j'ai senti un lien très fort avec elle », raconte Pam. La maman gorille a remarqué Hannah et s'est dirigée vers la paroi vitrée séparant les animaux de l'aire réservée aux visiteurs. Elle et Hannah se sont fixées droit dans les yeux et ont échangé un regard plein de tendresse. « Puis la mère gorille s'est tournée vers moi et a doucement posé la main sur la vitre, à la hauteur de mon visage, poursuit Pam. J'ai alors moi aussi posé la main sur la paroi, juste en face de la sienne. J'ai senti une connexion très intense – elle était incroyablement fascinée par Hannah. »

Au bout de quelque temps, Hannah et Pam ont dit au revoir à leur nouvelle amie, et se sont dirigées vers la section des lions. Mère et fille ont alors observé, à travers la paroi vitrée, un groupe de grands félins qui étaient étendus par terre et occupaient un espace important. Pam raconte :

« Soudain, une lionne a tourné la tête vers quelque chose qui avait attiré son attention. Elle s'est alors levée et s'est dirigée vers nous, entièrement intriguée par quelque chose qui se trouvait de l'autre côté d'un mur de béton situé non loin de moi. Elle s'est approchée, attentive et les sens en alerte. En suivant la trajectoire de son regard pour savoir ce qui l'intéressait tant, j'ai compris que c'était ma fille ! Elles étaient toutes deux face à face, séparées par la paroi vitrée du zoo, mais entièrement liées l'une à l'autre. La lionne était vraiment captivée par Hannah ! C'est comme si ma fille était l'attraction et non l'inverse. Cette scène a créé un énorme attroupement, et tout le monde se demandait ce que cette petite fille avait de si spécial pour capter aussi complètement l'attention de cette superbe lionne. »

Un sentiment d'empathie envers la nature

En plus d'avoir la capacité de se lier d'amitié avec les animaux, les enfants cristal possèdent une caractéristique fondamentale, à savoir une profonde capacité d'empathie, surtout dirigée vers la nature. Les enfants cristal perçoivent les émotions et les sensations des animaux, des insectes et des plantes. Ils donnent une voix à la nature, et nous rappellent que toute personne et toute chose éprouvent des sentiments.

- Andrea affirme qu'Abbie, sa fille de trois ans, ne supporte pas que quiconque tue des insectes, pas même les grosses araignées à l'allure menaçante. « Dieu les a créés », dit-elle aux adultes qui s'apprêtent à exterminer des insectes. Les insectes sont souvent considérés comme faisant davantage partie du domaine d'intérêt des petits garçons, mais les enfants cristal de sexe féminin ne font aucune discrimination parmi leurs amis du monde naturel. Elles aiment les insectes tout autant que les autres créatures vivantes.

- Quand les parents de Robert, six ans, ont fait installer une piscine dans leur cour arrière, deux saules ont dû être abattus. À la vue de la tronçonneuse,

Robert a couru vers les arbres, les a étreints chacun leur tour, puis a versé un torrent de larmes.

> *Les enfants cristal nous font voir l'aspect magique de la nature et nous enseignent que tout est vivant.*

- Chad, âgé de sept ans, fait preuve d'empathie envers la nature depuis qu'il est nouveau-né. Un jour, lorsqu'une feuille est tombée d'un arbre, Chad a dit à sa mère : « Oh, cette pauvre feuille qui est tombée sur le sol, elle a quitté sa famille ! »

- Lorsque des lézards s'introduisent dans la maison familiale, Liam, sept ans, les attrape doucement et les transporte à l'extérieur. En chemin, il leur dit des choses comme « Tu dois retourner chez toi, car tes bébés ont besoin de toi » ou « Tu dois sortir à l'extérieur pour te procurer de la nourriture, je sais que tu as faim. » La mère de Liam affirme que le petit garçon sait ce que les lézards pensent et ressentent. Il leur dit de ne pas avoir peur, et ils l'écoutent.

- Un jour, quelqu'un a arraché une fleur pour ensuite la tendre à Crystal, deux ans. Loin d'être ravie, la petite s'en est trouvée complètement chavirée. Crystal s'est alors précipitée au sol pour tenter de rattacher la fleur coupée à la partie de la tige qui était demeurée en terre.

- Alice, âgée de cinq ans, éprouve beaucoup d'amour pour les plantes et devient parfois très bouleversée lorsque sa mère taille les plantes de son jardin ou arrache des feuilles ou des fleurs mortes ou sur le point de mourir.

- Isaac, six ans, a un jour montré à sa grand-mère un galet lisse qu'il tenait dans sa main. Isaac a alors expliqué qu'il avait ramassé le galet sur la route parce qu'il ne voulait pas qu'il se fasse écraser par une voiture.

- Zoey, trois ans, étreint les arbres et embrasse les feuilles qui ont été arrachées ou qui sont sèches.

Les grands espaces

Il n'est pas étonnant que les enfants cristal, avec leur grand cœur et leur tempérament radieux, préfèrent passer du temps à l'extérieur à l'air frais, en compagnie des animaux et des plantes. Ils aiment mieux la beauté naturelle que les choses artificielles.

Par exemple, ils adorent enlever leurs vêtements, creuser dans la terre et observer les colonies de fourmis. Les enfants cristal découvrent de la beauté dans tous les aspects de la nature, et peuvent demeurer assis pendant de longues périodes, immobiles, à regarder les plantes onduler dans le vent.

Conchita raconte que son fils de 20 mois, Nathan, est un véritable amant de la nature. « Nous sommes obligés de verrouiller toutes les portes pour le garder à l'intérieur, ajoute-t-elle. Chaque fois qu'il le peut, il préfère se retrouver dans la nature et enlever ses vêtements. Il adore jouer dans l'eau ; en la mélangeant avec de la terre, il fabrique une boue qu'il se plaît à manger. »

Peut-être qu'une des raisons pour lesquelles les enfants cristal aiment tant la nature est qu'ils peuvent communiquer avec les plantes et les animaux. Magda raconte que

Taylor, sa fille de quatre ans, parle constamment avec les fleurs. « Taylor dit aux plantes qu'elles sont très belles, explique Magda. Elle parle aussi aux petits insectes et tente de les réconforter. »

Les enfants cristal nous font voir l'aspect magique de la nature et nous enseignent que *tout* est vivant. Shawn et Keli Carpenter racontent que leur fils de trois ans, Corbin, a des relations très spéciales avec les arbres. « Corbin nous transmet ce que les arbres disent, sentent et font, expliquent les Carpenter. Il est également conscient de la présence spirituelle qui habite toute vie et peut communiquer avec les oiseaux, les poissons, les plantes, les insectes et les pierres, même s'il semble entretenir des liens plus forts avec les arbres. »

Et un jour que Colin, quatre ans, faisait une promenade à l'extérieur avec sa mère, il s'est arrêté devant un arbre et s'est appuyé dessus. Puis, en soupirant, il a dit : « Maman, je sens l'amour de l'arbre, je sens son cœur ! »

La nature est un bon moyen de remonter le moral des gens, et les enfants cristal sont loin de faire exception. Amanda affirme que, si sa fille de 14 mois commence à pleurnicher, elle n'a qu'à l'emmener jouer dehors. « Immédiatement, elle devient heureuse et paisible simplement en marchant dans la pelouse ou en s'amusant avec de la terre », dit Amanda.

Aucun jouet élaboré n'est nécessaire pour divertir ces enfants très spéciaux. Vous n'avez qu'à les emmener à l'extérieur, et il seront captivés par le bruissement des feuilles, les araignées et les oiseaux. Rihana, 12 mois, devient boudeuse quand elle passe trop de temps à l'intérieur. Sa mère raconte que la petite fille éprouve un plaisir sans bornes à toucher les arbres, à palper le sol gazonneux et à pourchasser des feuilles.

Même les enfants cristal plus âgés préfèrent la nature aux jouets fabriqués de main d'homme. Un jour, Haley, six ans, a décidé de faire le ménage de sa chambre et de se débarrasser des jouets dont elle ne se servait pas ; avec sa sœur, elle a donc vendu ces jouets à l'occasion de la vente de garage familiale. Les recettes se sont élevées à 192 $. Par la suite, au lieu de s'acheter d'autres jouets, les deux petites se sont procuré un érable rouge pour la cour arrière de la maison familiale.

Étant donné que les enfants cristal aiment à ce point la nature, il n'est pas étonnant qu'ils acquièrent des préoccupations environnementales à un très jeune âge. Un grand nombre de ces jeunes veulent protéger mère Nature. Par exemple, Nicky, cinq ans, rappelle constamment à sa mère de ne pas gaspiller l'eau. Il est également conscient des effets de l'électricité sur l'environnement. Nicky éteint les lumières chaque fois qu'il quitte une pièce, et ne les allume jamais avant le coucher du soleil.

Les cristaux et les roches

On ne s'étonnera pas que les enfants cristal soient fascinés par les cristaux et les roches. Ils sont extrêmement sensibles à l'énergie vitale. Ces enfants *savent* que le royaume minéral est tout aussi vivant que les autres royaumes divins. Pour un enfant cristal, une superbe formation rocheuse mérite tout autant d'affection et d'attention qu'une personne ou un animal. Aux yeux des enfants cristal, les formations rocheuses sont toutes des créatures de Dieu.

Lorsque Victoria, trois ans, a visité les bâches océaniques du sud de la Californie en compagnie de son père et de sa grand-mère, elle s'est sentie dans son élément ! Elle a posé l'oreille sur les formations rocheuses, a parlé à chacune d'elles, et les a écoutées. « Elle a créé un attroupement, car il était clair pour tout le monde que Victoria était en pleine conversation avec ces roches », raconte sa grand-mère.

Les cristaux sont employés depuis longtemps dans le cadre des cérémonies spirituelles et des interventions de guérison pour canaliser et amplifier l'énergie divine. Les cristaux de quartz sont également utilisés en électronique, notamment dans la fabrication d'appareils radio et de montres, dans le but d'amplifier les signaux électriques. Certaines personnes croient que les cristaux étaient employés par certaines civilisations anciennes pour le transport et l'éclairage et, selon certaines théories, l'arche d'alliance était fabriquée avec des cristaux qu'on avait empreints d'une énergie perpétuelle.

Les enfants cristal perçoivent les impulsions émises par les cristaux, dont ils respectent les propriétés et les pouvoirs magiques. Un grand nombre de ces enfants savent intuitivement comment utiliser les cristaux pour réaliser des guérisons, sans avoir reçu de formation préalable.

Carri Lineberry est mère de deux filles, Shailyn, quatre ans, et Maia, trois ans. Carri raconte que ses deux filles adorent manipuler les spécimens de leur collection de pierres de cristal polies. À plusieurs reprises, les fillettes ont fait preuve d'une mystérieuse connaissance des pouvoirs que recèlent ces cristaux.

Par exemple, Maia garde une géode de cristaux d'améthyste sous son lit. « Un jour, j'ai trouvé le morceau de roche sous le lit et je l'ai rangé quelque part, raconte Carri. Quand Maia s'est aperçue que sa roche avait disparu, elle l'a rapidement remise à sa place en m'informant qu'elle devait dorénavant y rester. »

À une autre occasion, où Shailyn était venue retrouver sa mère dans son lit, la petite fille a aperçu un cristal de quartz rose sur la table de chevet maternelle et l'a aussitôt pris entre ses mains. « Je venais à peine d'acheter ce cristal, et Shailyn en ignorait jusque-là l'existence », dit Carri.

Shailyn a alors placé la pointe du cristal au centre du front de sa mère en disant : « Maman, je peux guérir les gens avec ça. On peut faire des opérations chirurgicales avec ça, tu sais. » Shailyn a alors continué à appliquer le cristal sur différentes parties du corps de

Carri, avec une confiance digne d'un guérisseur expérimenté.

Carri a finalement demandé à Shailyn où elle avait appris comment utiliser des cristaux à des fins de guérison, ce à quoi la fillette a répondu prosaïquement : « De Jésus. »

Carri se rappelle que l'énergie présente dans la pièce était incroyablement calme et sereine. « J'en avais la chair de poule, ajoute-t-elle. Je n'oublierai jamais cette matinée, car j'ai eu un aperçu d'une autre époque et d'un autre lieu. »

Isaac, le fils de quatre ans de Judy Springer, possède lui aussi une connaissance inexplicable des cristaux. Un jour, par exemple, Isaac a dit à sa mère à l'improviste : « Tu sais, les cristaux s'épuisent en énergie s'ils restent dans une maison pendant trop longtemps. Lorsque cela se produit, il faut les laisser à l'extérieur pendant une très longue période. »

Certains enfants cristal reçoivent de l'information sur l'utilisation de ces cristaux de la part de leurs guides et des anges. Mais d'autres tiennent ces connaissances de leurs vies antérieures.

Écoutons Stephen et Karen Williams : « Sabrina, notre fille de cinq ans, a immédiatement manifesté un grand amour pour les cristaux quand nous lui en avons montré pour la première fois. Elle a eu vite fait d'apprendre en quoi consistaient les différents types de cristaux, et maintenant c'est elle qui nous aide à choisir quels cristaux acheter. »

Un soir, Sabrina a annoncé à sa mère qu'elle avait besoin d'une séance de guérison faisant intervenir des cristaux. Après que la petite eut choisi une série de roches, sa mère a commencé à lui expliquer en quoi consistait le système des chakras du corps humain. Au moment où Karen était sur le point d'indiquer à Sabrina comment placer les différents cristaux sur ses chakras, la fillette a dit : « Maman, je sais où ils vont, j'ai déjà fait ça avant. » Elle a ensuite placé elle-même les cristaux sur son corps, pour pratiquer une autoguérison. Karen dit qu'en regardant ce soir-là sa petite fille manipuler les cristaux elle est devenue convaincue que les connaissances de Sabrina au sujet de ces roches remontaient à plus loin que sa présente existence.

Il est possible que le lien qu'entretiennent les enfants cristal avec leurs vies antérieures soit l'une des raisons pour lesquelles ils gravitent vers des instruments de guérison qui ont fait leurs preuves au fil du temps comme les cristaux, les labyrinthes et les roues de médecine.

Un jour, une petite fille de six ans a fait preuve d'une étrange connaissance de ces roues. Carolyn raconte qu'elle se trouvait à l'extérieur en train de tondre la pelouse quand Haley, sa fille, l'a appelée pour lui montrer l'espace de méditation qu'elle avait aménagé. En entrant dans la chambre à coucher d'Haley, Carolyn a remarqué que sa fille avait attaché des couvertures aux meubles afin de créer un lieu sacré. Au milieu, Haley avait disposé en cercle des cristaux ainsi que des pierres qui avaient pour elle une valeur spéciale. Haley a expliqué à sa mère qu'elle s'assoyait au centre de l'espace afin de méditer. Carolyn raconte ce qui s'est passé :

« La pièce était très paisible, et le cercle sacré qu'elle avait créé était superbe. Quelques jours plus tard, un soir, Haley m'a invitée à m'asseoir dans le cercle de pierres avec elle, et elle m'a révélé tout ce qu'elle savait en ce qui concerne la guérison. Elle m'a expliqué l'importance du cercle, puis m'a demandé de prendre entre mes mains un cristal de quartz et de le tenir près de mon cœur. Ensuite, elle s'est levée et a invoqué les anges en les invitant autour du cercle, en demandant à l'archange Raphaël de venir au centre avec nous. Elle a alors placé une petite pierre de quartz rose en forme de cœur près de l'endroit où elle apercevait Raphaël, de façon à ce que son énergie d'amour et de guérison soit à l'avant-plan. Haley savait ce qu'elle faisait, et c'était incroyable à voir ! »

Même si votre enfant n'organise pas de cérémonies de guérison avec des cristaux, il se peut que vous remarquiez chez elle ou chez lui une affinité pour ces minéraux magiques. Mary Marshall m'a dit que son fils de quatre ans aime tellement les cristaux qu'il en transporte toujours avec lui et qu'il en apporte même dans son lit pour dormir. « Il est en préscolaire, raconte Mary. Un jour, dans le cadre d'un projet scolaire, les élèves devaient apporter à l'école un objet qui commençait par la lettre C. Mon fils a donc décidé d'apporter des cristaux. »

Petra raconte que quand Julie, sa fille de trois ans, a commencé à avoir de la difficulté à dormir, ce sont les cristaux qui ont permis de rétablir la situation. Petra se rappelle que, du jour au lendemain, Julie ne voulait plus dormir seule et se réveillait cinq ou six fois par nuit. Finalement, au terme d'une conversation avec Julie, Petra a appris que la petite était terrifiée car elle voyait des fantômes apparaître dans sa chambre.

Petra a alors résolu le problème en effectuant avec sa fille un rituel à l'heure du coucher. Chaque soir, Petra ordonne avec amour aux fantômes de quitter la pièce, puis elle place une pierre de quartz rose et d'améthyste dans le lit de Julie, de même qu'un cristal de quartz transparent sur le rebord de la fenêtre, de façon à libérer l'énergie de la pièce de tout visiteur importun. Depuis, Julie dort sur ses deux oreilles.

Une autre maman a elle aussi constaté que les cristaux aidaient son fils à mieux dormir. Laura Halls, une guérisseuse professionnelle employant des méthodes parapsychiques, a reçu par intuition un message lui disant de construire dans la chambre à coucher de son fils une grille d'énergie en utilisant des cristaux. Elle a placé un cristal d'hématite exactement au centre de la chambre, et un cristal de rhodochrosite dans chacun des quatre coins. Laura a ensuite visualisé une grille d'énergie dont les lignes couraient entre les cristaux et venaient toutes se rejoindre au centre, au-dessus de la pierre d'hématite, de manière à former une pyramide. Elle a ensuite demandé qu'un miroir éthérique soit placé au-dessus de la pyramide afin de réfléchir la négativité vers le haut, loin de la pièce. Par la suite, Laura a invoqué les anges et les guides de son enfant pour qu'ils viennent le protéger.

Laura affirme que ses enfants tombent dorénavant endormis plus rapidement et ne se réveillent plus pendant la nuit. « À la suite de l'érection de la grille énergétique au moyen de cristaux, raconte-t-elle, la température s'est soudain élevée dans la chambre de mon fils, et elle est demeurée ainsi pendant deux jours, car il y avait tellement d'énergie positive dans la pièce ! »

Quelques conseils en matière de cristaux

Étant donné que les enfants cristal entretiennent une relation symbiotique avec les cristaux, peut-être aurez-vous envie de leur faire connaître ces précieuses roches. Vous pouvez vous en procurer dans les librairies ésotériques, dans les magasins spécialisés en cristaux et à l'occasion d'expositions de minéraux. Et n'oubliez pas que les cristaux naturels possèdent des courants d'énergie plus intenses que ceux qui ont été fabriqués de main humaine.

Connie Barrett, qui exploite un commerce de pierres en tous genres depuis de nombreuses années, recommande de laisser les enfants choisir leurs propres cristaux. Elle affirme que, souvent, les enfants savent exactement quelles sont les pierres qui vont les aider à se sentir plus calmes et plus en paix. Elle m'a raconté l'anecdote suivante :

« Un jour, une mère et son fils sont entrés dans mon magasin. La mère a commencé à m'expliquer en quoi consistaient les divers problèmes de son fils, pendant que le petit garçon essayait en vain de lui dire qu'il avait trouvé le cristal dont il avait besoin.

« La mère s'est finalement retournée vers le petit et lui a dit : ' Pourrais-tu te tenir tranquille un moment ? J'essaie de demander à la dame quel cristal serait le plus approprié pour guérir ton asthme. '

« J'ai alors demandé à voir quel cristal le petit garçon avait choisi. Il m'a montré une pierre de rhodochrosite, qui se trouve justement le minéral recommandé dans les cas d'asthme car il est censé favoriser la détente des muscles du plexus solaire. J'ai dit à la mère que son fils avait parfaitement bien choisi le cristal dont il avait besoin. »

Les enfants possèdent une bonne intuition quand il s'agit de choisir leurs propres cristaux. Mais cela ne veut pas dire que vous devriez vous empêcher de leur donner des cristaux qui leur feront plaisir. En fait, ils recevront avec joie pratiquement n'importe quelle pierre que vous déciderez de leur offrir.

Si votre enfant est encore très jeune, n'oubliez pas que les petites pierres sont faciles à avaler. Ne laissez pas votre bébé seul avec des cristaux de roche, et placez ceux-ci hors de portée des jeunes enfants. Vous pouvez aussi vous procurer un cristal volumineux et lisse, trop gros pour qu'un enfant puisse se le mettre dans la bouche et exempt de bords coupants sur lesquels il risquerait de se blesser. Expliquez aussi aux jeunes enfants qu'ils doivent s'abstenir de lancer des pierres !

Selon Connie, pour important qu'il soit de laisser aux enfants la liberté de choisir les cristaux qui leur conviennent, il existe des cristaux dont les propriétés particulières peuvent aider à soulager certains malaises et problèmes propres à l'enfance.

- **Cauchemars/insomnie :** *Améthyste* – placez-la sur la table de chevet de l'enfant ou sous son oreiller.

- **Immense peine ou chagrin :** *Quartz rose* – tenez-le au-dessus du cœur de l'enfant, qui peut aussi le porter en pendentif à la hauteur de la poitrine.

- **Problèmes d'estime de soi et de confiance en soi :** *Citrine* – peut être portée en bague ou en collier, ou placée n'importe où dans une pièce.

- **Concentration et études :** *Cornaline* (pour demeurer bien ancré dans le présent) ou *sodalite* (pour dissiper la confusion mentale) – placez-les dans la pièce où l'enfant étudie et fait ses devoirs.

- **Accablement émotionnel :** *Pierre de lune* – à porter sous forme de pendentif, ou à frotter sur le front et les tempes.

- **Patience :** *Rhodonite* – lorsqu'il se sent impatient, l'enfant devrait frotter la pierre au creux de sa main.

- **Communication :** *Turquoise* (si votre enfant a de la difficulté à demander l'aide des autres) ; *agate dentelle bleue* (favorise les communications paisibles) ; *amazonite* (aide à trouver le courage de dire la vérité) – particulièrement efficaces sous forme de collier ou de pendentif.

Après l'achat d'un cristal, libérez-le de l'énergie de son propriétaire antérieur en le plaçant à l'extérieur, sous le soleil, pendant au moins quatre heures. S'il n'y a pas de soleil, vous pouvez placer la pierre dans un contenant rempli d'eau additionnée de sel. Évitez de la laisser tremper trop longtemps, car le sel risque d'éroder le cristal. Puis demandez à votre enfant cristal de tenir la pierre à proximité de son cœur et de penser à certains souhaits ou intentions dont il voudrait l'imprégner. Par exemple, il ou elle pourrait vouloir que la pierre favorise la guérison physique ou un sommeil de meilleure qualité. Si le cristal est exposé à de l'énergie négative, nettoyez-le de nouveau à l'aide des rayons du soleil ou d'un mélange d'eau et de sel. Ce procédé peut être employé sur une base régulière.

Le caractère divin de la nature

La poétesse Dorothy Frances Gurney a écrit : « C'est dans un jardin, plus que dans n'importe quel autre endroit sur terre, qu'on peut se rapprocher le plus du cœur de Dieu. » Les enfants cristal savent cela instinctivement et saisissent le caractère divin de la nature. Celle-ci est leur église, leur temple, l'endroit où ils peuvent toucher et sentir Dieu et percevoir sa présence.

Lorsque Colin, quatre ans, et sa mère sont un jour allés faire une promenade dans un superbe jardin japonais, le garçonnet s'est arrêté et s'est exclamé : « Maman, c'est si merveilleux ici ! Je sens la présence de Dieu et des anges ! »

Kate Mitchell, qui exploite un magasin de cristaux à Los Angeles, raconte ce qui s'est produit lorsqu'un petit garçon âgé de cinq ans nommé Alex a visité son commerce en compagnie de sa mère. En apercevant un gros cristal de quartz d'une valeur de 500 $, Alex s'est exclamé, en s'adressant à sa mère : « C'est ça que je voudrais que le père Noël m'apporte ! » Après un temps d'hésitation, sa mère lui a demandé s'il n'aimerait pas mieux recevoir un jeu de Nintendo, comme les autres enfants. Un « Non ! » plein de détermination a été la réponse du garçonnet. « Alex, pourquoi veux-tu à ce point *ce* cristal ? » s'est gentiment enquise sa mère. « Parce qu'il est naturel, et que Dieu l'a créé ! » a dit le petit garçon.

Soyez assuré que cette année-là, le père Noël s'est fait un devoir d'offrir au petit Alex son cristal de quartz.

· · · ❋ · · ·

CHAPITRE 8

Les anges et les amis invisibles

Il vous est peut-être déjà arrivé de voir des enfants cristal qui, alors qu'ils sont encore au berceau, fixent intensément l'espace et bougent la tête et les yeux pour suivre du regard les anges qui les entourent. Souvent, ces regards sont accompagnés de « conversations » inintelligibles avec le monde de l'invisible. De nombreux parents avec qui j'ai parlé sont convaincus que leurs bébés cristal (que l'on appelle parfois les « cristallins ») sont capables de voir des anges et des êtres chers décédés. Mais c'est évident ! Pourquoi l'une des générations les plus sensibles de tous les temps sur le plan parapsychique n'aurait-t-elle pas le don de clairvoyance ?

De nombreuses générations d'êtres humains ont produit des enfants ayant des habiletés paranormales. Toutefois, la génération des enfants cristal est destinée à conserver ses dons spirituels jusqu'à l'âge adulte. En effet, en ce nouvel âge caractérisé par une plus grande ouverture à la chose spirituelle, les parents sont plus enclins à encourager les talents parapsychiques de leurs enfants. Les générations précédentes, réfractaires à tout ce qui touchait l'univers paranormal, n'hésitaient pas à condamner les gens qui prétendaient voir ou entendre des anges.

Tara Jordan et sa famille ont l'habitude de réciter une prière autour de la table à l'heure du dîner avant d'entamer le repas. Peu après que le fils de Tara ait atteint l'âge de 13 mois, il a commencé à appeler Jésus à l'occasion de cette prière du soir.

Voici ce que Tara m'a raconté :

« Alors que nous sommes tous en train de réciter la prière, Grant lève les yeux, et on peut voir qu'il aperçoit Jésus, des anges ou des esprits dans une dimension différente. Il lève les yeux et adresse un salut de la main vers ce qui semble n'être que du vide. Il appelle Jésus et lui dit ' Bonjour ' comme s'il était en sa présence. Ensuite, il jette un regard à l'illustration suspendue au mur de la pièce représentant Jésus lors de la Cène et lui adresse un salut en faisant un signe de la main. Il n'y a aucun doute dans mon esprit que Grant est capable de voir et de percevoir le monde des esprits. »

Grâce au soutien de leurs parents et de leurs grands-parents, les enfants cristal conservent leurs aptitudes parapsychiques au fur et à mesure qu'ils grandissent. Ils éprouvent une affinité naturelle avec les anges, car ils sont capables de sentir l'amour inconditionnel qui émane de ces êtres célestes. Ils adorent également que leurs parents leur enseignent des choses sur les anges, car ces connaissances les aident à se rapprocher encore davantage du ciel.

Carolyn a emporté avec elle mon livre *Healing with the Angels* lorsqu'elle a dû se rendre à l'urgence de l'hôpital après qu'Haley, sa fille de cinq ans, se soit cassé le bras. Carolyn a lu une prière de guérison en suggérant à Haley de demander à l'archange Raphaël (l'ange de la guérison physique) de se tenir à ses côtés, de l'aider à guérir rapidement et de soulager sa douleur. Par la suite, chaque fois que son bras la faisait souffrir, la petite fille invoquait Raphaël.

Lorsque les médecins ont fait passer des examens à Haley, le calme dont faisait preuve la petite blessée n'a pas manqué de les impressionner. Carolyn et son mari, Mike, étaient eux aussi étonnés de voir à quel point leur fille était détendue, et à quel point ils se sentaient eux-mêmes en paix. En effet, jusque-là, quand l'un de ses enfants se blessait, Carolyn fondait en larmes et cédait facilement à la panique. Ainsi, les anges exerçaient de toute évidence une influence positive sur tout le monde.

Quand les médecins ont fait le plâtre sur le bras d'Haley, Carolyn a remarqué qu'il régnait un fort sentiment de paix dans la salle d'urgence. Une fois l'opération terminée, Haley lui a dit : « Regarde, maman, mon plâtre est vert, et le vert est la couleur de Raphaël et de son pouvoir de guérison ! »

Depuis lors, Haley parle à ses anges, travaille avec eux et apprend d'eux. Carolyn a enclenché le processus, puis Haley et ses anges ont pris la relève. Un soir, Haley a commencé à s'ouvrir à sa mère à propos de la sagesse qu'elle avait acquise. Elle s'est agenouillée, comme pour faire une prière, et s'est mise à raconter à sa mère les merveilleuses réflexions et les profondes connaissances qu'elle avait glanées auprès des anges. « J'avais la sensation qu'Haley était un ange et qu'elle canalisait leur sagesse », assure Carolyn.

Carolyn m'a fait part de ce que lui a dit Haley sur les archanges Raphaël, Gabriel et Michel :

> « Premièrement, Haley a dit qu'il s'agissait d'anges *volumineux*, dont les pieds s'enfonçaient profondément dans le sol, et qu'ils ressemblaient à des arbres géants s'élevant vers le ciel. Haley a admis que, lorsqu'elle a vu les anges pour la première fois, ils étaient très nombreux dans sa chambre, et elle a craint d'être en présence de fantômes. C'est alors qu'elle a aperçu leurs ailes et qu'elle a su qu'il s'agissait de créatures

divines. Elle s'est donc sentie en sécurité.

« Elle a dit que l'ange de la connaissance travaillait avec elle. Un soir, elle a demandé à cet ange ce que le mot *activité* signifiait. L'ange lui a répondu qu'on employait ce mot quand ' bien des choses se produisaient en même temps '. Haley affirme que les anges lui enseignent la lecture et les mathématiques. Son professeur de maternelle a confirmé cette affirmation en me disant à quel point elle était impressionnée par le vocabulaire qu'avait acquis Haley.

« À une autre occasion, Haley m'a demandé ce que voulait dire le mot *anesthésie*. Je lui ai demandé où elle avait appris ce mot, et elle m'a répondu que Raphaël l'avait utilisé le soir précédent lors d'un de ses enseignements sur la guérison. Haley dit que parfois, lorsqu'elle joue dans sa chambre, elle n'est pas seule. Elle s'amuse avec Raphaël et les autres anges. »

Enfants clairvoyants, parents clairvoyants

Les anges sont partout autour de chacun de nous, et les enfants cristal communiquent avec eux avec confiance. Si vous avez la chance de connaître un enfant cristal, vous possédez votre propre professeur en développement parapsychique !

> Il est parfaitement normal et même sain pour les enfants d'avoir des « amis invisibles » – c'est-à-dire des êtres qui sont habituellement leurs anges gardiens ou leurs guides spirituels.

« Dès la naissance de Zoey, j'ai commencé à voir des anges et des membres de ma famille décédés, dit Crystal, la mère de Zoey. Mes capacités parapsychiques se sont accrues tout d'un coup. » L'une des raisons pour lesquelles les enfants cristal deviennent les déclencheurs des capacités parapsychiques d'autrui tient à la puissance de l'énergie d'amour qui les habite. Cet amour ouvre nos chakras, en particulier dans la région du cœur. Nous cessons alors de craindre l'amour, ce qui nous permet de mieux percevoir la présence bienveillante des anges.

Crystal raconte s'être mise à apercevoir des globes lumineux autour de Zoey. Ces globes apparaissaient même sur les photographies de la petite fille !

De nombreux parents et grands-parents à qui j'ai parlé ont mentionné avoir aperçu des lueurs étincelantes, des auras brillantes et même des anges à proximité de leurs enfants cristal. Cindy Goldenberg raconte avoir vu des globes de lumière bleu-blanc à proximité de sa fille endormie. « Si je déplaçais la couverture de Kirsten, les globes rentraient sous la couverture, sans pour autant perdre de leur brillance », rapporte Cindy.

Cindy a encouragé les dons de clairvoyance de sa fille. Elle dit qu'aujourd'hui, à cinq ans, Kirsten est capable de « lire » les gens avec une grande précision à partir de la couleur de leur aura. Cindy et Kirsten saupoudrent de la « poudre d'ange et de fée » sur les grands titres des journaux pour le règlement des situations relatées et la guérison des personnes concernées. Voilà un bon exemple de mise en commun des talents spirituels entre un parent et un enfant.

Les amis invisibles

Il est parfaitement normal et même sain pour les enfants d'avoir des « amis invisibles » – c'est-à-dire des êtres qui sont habituellement leurs anges gardiens ou leurs guides spirituels. Lorsque les parents encouragent les relations qu'entretiennent leurs enfants avec ces amis invisibles, les enfants se sentent valorisés de posséder des aptitudes naturelles conférées par Dieu.

Parfois, les amis invisibles sont des archanges qui aident les enfants à réaliser les buts importants qu'ils se sont fixés dans la vie. Ou il peut s'agir d'anges gardiens qui les aident à se débarrasser de leur sentiment de peur. Les amis invisibles peuvent aussi être des membres de la famille, des amis ou même des animaux qui sont passés de vie à trépas.

Il y a plusieurs années, une femme nommée Melissa est tombée enceinte d'un homme qu'elle adorait et aimait. Toutefois, cet homme ne voulait avoir ni relation de couple ni enfants. Melissa n'avait pas encore dit à Liam, son jeune fils, qu'elle était enceinte. Toutefois, un jour, Liam a fait un dessin qu'il a tendu à sa mère en expliquant qu'il s'agissait d'un portrait de son petit frère (Melissa n'avait à l'époque qu'un seul enfant).

Melissa a fini par faire le choix difficile de mettre un terme à sa grossesse, sans le dire à Liam. Environ une semaine après l'avortement, Liam lui a confié que son petit frère lui avait dit avoir décidé de ne pas venir au monde tout de suite, mais que tout allait bien et qu'il l'aimait. Le petit frère a ajouté qu'il prendrait soin de Melissa tel un ange gardien jusqu'à ce qu'il soit prêt à revenir dans la peau d'un enfant. Quand ce moment viendrait, c'est à deux que lui et Liam prendraient soin de leur maman.

Melissa raconte que Liam a un fort don de clairvoyance. Un jour, elle a entrepris une séance de méditation dans le but de déterminer quel était son « animal de pouvoir » (selon certaines traditions, nous possédons tous un animal qui est notre guide spirituel et qui n'est pas nécessairement un animal de compagnie décédé). Au cours de la méditation, Melissa a perçu la présence d'une lionne à proximité. Elle était assise sur son gros fauteuil en cuir, prenant plaisir à méditer, quand Liam est entré dans la pièce. Il a alors demandé comment étaient apparues les grandes égratignures qu'il voyait sur les bras du fauteuil. Quand Melissa a avoué ne pas savoir, Liam a répondu à sa propre question.

« Maman, tu sais bien que c'est ta lionne qui a fait ça ! » a-t-il dit.

« Ma lionne ? » a demandé Melissa.

« Oui, la lionne qui te suit partout, maman, a insisté le petit garçon. Ne la vois-tu pas ? »

Liam a alors expliqué qu'il voyait toujours une lionne en compagnie de sa mère, et que la nuit le félin dormait au pied du lit de sa mère.

« Je n'en revenais pas ! dit Melissa. Je remercie Dieu. C'est un si grand bonheur et un honneur pour moi d'avoir mon fils. Il est ma lumière et ma force. »

L'une des raisons pour lesquelles les parents ne devraient pas s'inquiéter des capacités parapsychiques de leurs enfants est que ces dons peuvent aider ces derniers à se remettre de blessures émotionnelles et physiques. Nous possédons toutes et tous des capacités d'autoguérison, qui nous ont été conférées par Dieu.

Par exemple, Sabrina, cinq ans, était remplie de chagrin quand l'une de ses amies est décédée. Elle s'est fait réconforter par les anges, avec qui elle était en relation depuis sa naissance. Mais sa souffrance émotionnelle est complètement disparue quand elle a vu par clairvoyance son amie dans le monde des esprits.

Sabrina a raconté que, pendant son sommeil, elle avait parlé avec son amie, qui souriait et se tenait sous un arc-en-ciel. Quelque temps plus tard, la mère de Sabrina a raconté ce rêve aux parents de la petite fille décédée, qui lui ont dit que le dernier dessin exécuté par leur fille avant sa mort était un portrait d'elle, debout sous un arc-en-ciel.

Les souvenirs des vies antérieures

Certains enfants cristal ont des souvenirs très nets d'autres existences. Il ne s'agit pas en soi d'un phénomène particulièrement inhabituel, car les enfants parlent souvent de leurs vies antérieures. Ce qui est différent et merveilleux dans le cas présent, c'est que, de nos jours, les adultes accordent plus de crédibilité aux souvenirs que leurs enfants ont de leurs vies antérieures et leur donnent la permission de les partager. Cela permet à l'enfant de garder ces souvenirs vivants sans pour autant s'y complaire à outrance.

Lorsque nous prenons conscience que la vie est éternelle, la mort cesse de nous inquiéter. De plus, nous nous libérons de l'anxiété entretenue par certaines religions au sujet de l'enfer et de la damnation. Et lorsque nous laissons aller ces peurs, nous sommes entièrement libres de vivre pleinement.

Voici certains exemples d'enfants ayant conservé des souvenirs de leurs vies antérieures :

- Robert, six ans, parle souvent de ses « vieux parents », ceux qu'il avait avant d'arriver dans le ventre de sa mère. Il a décrit en détail la vie qu'il a passée avec eux. Robert a dit à sa mère qu'il l'observait à partir du ciel lorsqu'elle a secoué dans sa main ce machin qui a viré au bleu (le test de grossesse), puis qu'il est arrivé dans son ventre.

- Beverly Moore dit que son fils de cinq ans, Ethan, semble se souvenir d'un grand nombre de ses vies antérieures. « Ethan parle beaucoup de ses vies antérieures, raconte-t-elle. Il dit toujours : ' Te souviens-tu lorsque

j'avais ton âge et que tu étais à moi ? '
Il m'a dit avoir déjà été ma mère à une
reprise et mon père à une reprise. »

- Evan, cinq ans, parlait un jour des filles
  avec Nathan, son frère aîné. Soudain,
  Nathan a dit : « Evan, qu'est-ce que tu
  en sais, des filles ? Tu n'as que cinq
  ans ! » Ce à quoi Evan a immédiatement
  rétorqué : « Oh, pour l'amour du ciel,
  Nathan, j'ai été une femme à au moins
  60 reprises ! »

Comme certains enfants cristal sont sur
cette planète pour la première fois, la vie sur
terre peut leur sembler étrange et troublante.
Cathy affirme que son fils de trois ans,
William, s'est un jour assis sur ses genoux en
demandant s'ils pouvaient retourner à la
maison. Lorsque Cathy a alors répondu à
William qu'ils *étaient* déjà à la maison, le petit a
simplement dit : « Ah oui ? » Cathy a fini par
comprendre que William faisait référence à
une existence antérieure qui ne s'était pas
déroulée sur terre, et elle lui a dit tendrement :
« Nous sommes ici sur terre parce qu'il le faut,
et ta maison n'est pas très loin. » Cela a semblé
satisfaire William.

Une partie de notre travail en tant qu'adultes ayant la charge d'enfants cristal consiste à leur enseigner en quoi consiste la vie sur terre. Cela veut dire entre autres les aider à rester ouverts sur le plan parapsychique, leur montrer comment se débarrasser des énergies inférieures et leur transmettre des connaissances qui les aideront à mieux maîtriser leur destin. Nous sommes les jardiniers adultes qui doivent prendre soin des enfants cristal de façon à ce qu'un jour ces merveilleux bourgeons floraux deviennent de superbes bouquets pleinement épanouis.

CHAPITRE 9

Un talent pour la musique, les arts
et le divertissement

L es enfants cristal possèdent de multiples talents. Non seulement sont-ils aimants, sensibles sur le plan parapsychique et doux, mais aussi possèdent-ils des talents naturels en art. Nombre d'entre eux sont doués pour la musique et les arts plastiques. Quelques-uns manifestent des talents qui tiennent du prodige, sans avoir suivi quelque formation que ce soit. Encore une fois, les enfants cristal sont des modèles de rôles et nous donnent à voir ce qu'il y a de mieux dans la nature humaine.

Des chansons dans le cœur

De nombreux enfants cristal commencent à chanter avant même de se mettre à parler. En fait, la grand-mère de Saharah raconte que la petite fille est sortie du ventre de sa mère en fredonnant. Aujourd'hui âgée de six mois, Saharah ne sait encore prononcer aucun mot, mais elle fredonne d'une voix parfaitement juste.

Evie, elle aussi mère d'un enfant cristal, dit que sa fille a appris à parler grâce à la musique. « Lorsque Meishan, qui a maintenant deux ans, a commencé à parler, elle chantait de petites chansons pour communiquer avec nous, se rappelle Evie. Elle adore la musique ! »

De nombreux parents interrogés pour le présent livre m'ont dit que leurs enfants cristal possédaient des talents musicaux innés. Par exemple, Cindy affirme que Kirsten, sa fille de cinq ans, a une voix merveilleuse. Cindy avoue en être étonnée, car personne dans sa famille n'a jamais su chanter. Kirsten, elle, est capable de reproduire instantanément une chanson qu'elle entend, sans faire une seule fausse note.

Plusieurs parents m'ont dit que leurs enfants chantaient constamment. Par exemple,

Emily, trois ans, invente continuellement des chansons, entonne des chants traditionnels et des comptines, en plus de recréer les mélodies qu'elle entend à la radio. Elle danse constamment, se déhanchant sur n'importe quelle musique (et même parfois lorsqu'il n'y a pas de musique !). Sa mère, Wendy, compte l'inscrire à un cours de danse lorsqu'elle sera un peu plus grande.

C'est souvent à partir de leurs aptitudes musicales qu'on peut prendre la mesure de la grande intelligence des enfants cristal. Par exemple, William, trois ans, connaît les paroles de toutes les chansons qui tournent sur la station Radio Disney. Et Erin, 15 mois, a appris par elle-même à faire des harmonies avec les chansons qui jouent à la radio, qu'elle accompagne en parfait unisson.

> *C'est souvent à partir de leurs aptitudes musicales qu'on peut prendre la mesure de la grande intelligence des enfants cristal.*

Des artistes créatifs

Les enfants cristal adorent aussi le dessin, la peinture et la création sous toutes ses formes. Ils peuvent se divertir pendant des heures avec un simple album à dessin et des crayons. La grande créativité des enfants cristal reflète chez eux une plus grande activité du côté droit du cerveau, ce qui en fait aussi des êtres :

- conscients de leurs émotions,
- intuitifs,
- en avance sur le plan des habiletés motrices,
- portés sur la philosophie,
- portés sur la spiritualité,
- doués pour la musique.

Les personnes dont le cerveau droit est dominant pensent en termes d'images et de sentiments plutôt qu'en termes de mots. Leur orientation visuelle leur confère des dons artistiques ainsi qu'une mémoire photo-graphique. Certaines de leurs réalisations artistiques sont en fait la reproduction des images qu'ils voient dans leur imagination.

Rosa McElroy raconte qu'Audrey, sa fille de cinq ans, est très douée pour les arts. « Personne n'a jamais enseigné à Audrey comment dessiner, dit-elle. Elle a toujours été capable de faire de superbes dessins que seuls de vrais artistes pourraient songer à créer. Quand elle dessine, elle produit des choses de niveau plus avancé que son groupe d'âge, car elle est capable d'agencer les couleurs parfaitement. Son travail artistique est époustouflant ! »

Comme vous pouvez le constater, la mère d'Audrey apporte beaucoup de soutien à sa fille dans sa démarche artistique. Grâce aux encouragements de Rosa, il est fort probable qu'Audrey devienne en grandissant une artiste pleine de confiance en elle et hautement compétente.

L'un des aspects les plus adorables des enfants cristal est leur capacité à trouver matière à divertissement même dans les choses les plus ordinaires. Si les générations précédentes semblaient avoir besoin, pour se sentir heureuses, de jouets élaborés et coûteux, les enfants cristal peuvent trouver la joie dans une simple fleur, un petit chien, un crayon et du papier ou un ciel étoilé. Il en va de même pour leur création artistique. Ils n'ont pas besoin de nécessaires de bricolage coûteux et élaborés. Sans conteste, nous sommes en présence d'une génération d'enfants qui apprécient la simplicité et les choses fondamentales. C'est vraiment rafraîchissant !

Par exemple, Jacob Daurham, âgé de sept ans, a l'habitude de se promener dans le désert près de son domicile pour y dénicher les « trésors » avec lesquels il aime bricoler. Il rapporte à la maison de vieux fers à cheval, des traverses de chemin de fer ou n'importe quel autre objet qu'il croit pouvoir utiliser. Puis il crée ses propres modèles pour ses projets de bricolage et les réalise lui-même.

Des acteurs en puissance

Les enfants cristal sont parfois avares de paroles – en particulier quand ils sont jeunes. Toutefois, ils n'en sont pas moins très expressifs ! Ils expriment de profondes émotions et opinions au moyen de leurs yeux, de leur langage corporel, de chansons et d'œuvres d'art. Et ils s'expriment aussi par l'art dramatique, et je ne parle pas ici des accès de colère ou de mauvaise humeur exacerbés qui rappellent parfois les grandes divas. Non, les enfants cristal utilisent le théâtre comme une forme d'expression ludique, au même titre que les pièces de Shakespeare, avant l'avènement de la radio et de la télévision, attiraient les foules. Ces enfants nous ramènent à nos racines.

Un grand nombre des parents et des grands-parents interrogés dans le cadre du présent livre ont affirmé que leurs enfants cristal ne manifestaient aucune timidité devant des auditoires nombreux. La plupart sont comme Victoria, trois ans, dont la grand-mère parle en ces termes :

« Victoria possède un calme et une confiance en elle-même infinis. Elle suit des cours de gymnastique et de danse depuis l'âge de un an. Elle adore se produire en public, en particulier danser. Elle n'a jamais manifesté de timidité ou de trac, qu'elle soit en face d'un auditoire composé de centaines, de milliers ou de quelques douzaines de personnes. J'ai toujours éprouvé une grande joie à la regarder danser ou faire de la gymnastique, car elle s'abandonne totalement à ses mouvements et semble si heureuse qu'elle en rayonne. Elle s'entraîne continuellement, tout entière mobilisée par la joie que lui procurent la musique et le mouvement. »

Les enfants cristal sont de fréquentation agréable, ce qui s'explique notamment par le fait qu'ils sont des personnes très divertissantes. Une femme s'est dite enthousiasmée par le talent d'imitatrice de sa fille de trois ans. Elle raconte que la petite est capable de reproduire les inflexions vocales typiques, les maniérismes et le type de phrases employées par une personne, puis de combiner ces éléments afin d'imiter ladite personne à la perfection. « Elle est si talentueuse que nous pouvons immédiatement reconnaître qui elle imite, poursuit la femme. Elle ne fait pas ça avec une intention malicieuse ni même dans le but de faire de l'humour. C'est pour elle un exercice d'observation pure, visant son propre divertissement. »

Et il n'y a pas que les petites filles qui aiment se déguiser et faire des spectacles. Les enfants cristal de sexe masculin ne sont pas en reste. Catherine Poulton raconte que Kylan, son fils de cinq ans, se met toujours dans la peau d'un personnage, et change de vêtements environ dix fois par jour !

« Je suis constamment en train de ramasser des vêtements qui traînent par terre, car il vide ses tiroirs pour trouver des costumes convenant aux personnages qu'il veut incarner, dit Catherine. Il lui arrive aussi de découper ses taies d'oreiller, ses vêtements et ses draps – bref tout ce qui lui tombe sous la main et qui peut servir à confectionner des nouveaux costumes. Il adore jouer la comédie. »

Catherine ajoute que Kylan dessine tous les jours et qu'il trace souvent le portrait des personnages qu'il incarne. « Il invente ses propres superhéros, investis de pouvoirs magiques, dit-elle. Ces personnages sont souvent inspirés de sa propre personne. »

C'est comme si Kylan, qui semble parfaitement conscient de ses pouvoirs magiques, s'entraînait en prévision du moment où les enfants cristal deviendront les superhéros de notre monde. Après tout, ils ont toutes les qualités requises pour tenir ce rôle !

· · · ✳ · · ·

CHAPITRE 10

Des bébés angéliques

« Un être délicieux », « C'est un véritable petit ange », « Un cadeau du ciel ». C'est en ces termes que tous les parents et les grands-parents décrivent leurs enfants cristal. Et si toute personne possède des qualités divines, ces enfants semblent avoir une plus grande capacité d'exprimer leur être supérieur que les générations antérieures. Voici certains des éléments que les enfants cristal apportent au monde :

L'affection : Voici une autre raison pour laquelle les retards de langage ne peuvent justifier à eux seuls un diagnostic d'« autisme ».

Ces enfants sont extrêmement affectueux, presque jusqu'à l'excès. Les enfants autistiques, quant à eux, sont distants physiquement, et n'aiment carrément pas les marques d'affection.

Mary Marshall a remarqué que son fils de cinq ans n'est jamais aussi heureux que lorsqu'ils sont ensemble, à s'étreindre et à rire. Il adore se blottir contre sa maman. « Il était très affectueux quand il était petit et revient parfois à ses vieilles habitudes, raconte Mary. Par exemple, si nous nous trouvons dans un endroit inconfortable ou qui n'est pas familier, il veut que je le prenne et que je l'enlace, et il s'enfouit le visage dans le creux de mon épaule. »

Les enfants cristal ne limitent pas leurs marques d'affection aux membres de leur famille. Stephanie et Mark Watkeys disent que leur fils de 13 mois, Bryn, veut embrasser la plupart des gens qu'il rencontre. « Il est très affectueux et très aimant avec tout le monde », expliquent ses parents.

Le bonheur et la joie : Ces enfants émettent de l'énergie positive par leurs expressions faciales, leur posture physique, leurs paroles et leurs actions. Il est extrêmement agréable d'être en leur compagnie car ils remontent le moral des gens qui les entourent.

Lauren Stocks raconte que Carter, son fils de six ans, a un comportement entièrement positif. « C'est comme si Carter était ici essentiellement pour aimer », dit-elle. Presque quotidiennement, Carter s'exclame : « Oh, maman, quelle belle journée ! » Il lui remonte ainsi le moral quand elle se sent abattue.

Tout le monde fait des commentaires sur l'attitude enjouée de Carter, une attitude qui est un trait courant chez les enfants cristal. Par exemple, Taylor, le fils de Beth et de Michael, a eu trois gardiennes différentes, et toutes trois ont fait le même commentaire à propos du petit garçon de trois ans : « Il a une âme si chaleureuse ! » Tout le monde dit que Taylor leur réchauffe le cœur.

« Globalement, Taylor est un enfant délicieux qui ne nous apporte que de la joie et de l'amour, disent ses parents. En présence d'un esprit tel que le sien, nous avons espoir que la race humaine trouvera la paix et que la violence disparaîtra de cette planète. »

J'ai reçu des témoignages sur le tempérament joyeux des enfants cristal plus que sur tout autre sujet. Et si vous croyez que ces parents sont tout simplement en adoration devant leurs enfants, sachez que nombre de ces mêmes parents ont d'autres enfants avec qui ils éprouvent des difficultés. Voici certains des commentaires que j'ai reçus de parents à propos de leurs enfants cristal :

« Bien des gens disent que, lorsqu'ils sont en présence de Celeste, ils se sentent plus en paix. Souvent, elle ira spontanément vers les gens qui souffrent d'une façon ou d'une autre et elle s'assoira près d'eux et s'amusera avec eux. » – Nadia Leu, à propos de Celeste, sa fille de 18 mois.

« Elle a l'esprit le plus doux et le plus aimant que j'aie jamais vu. Elle aborde directement les gens, même s'il s'agit d'étrangers, leur prend la main, et on peut sentir l'amour qu'elle leur envoie ! C'est une personne très sensible, passionnée et attentive. » – Wendy Weidman, à propos d'Emily, sa fille de trois ans.

« Mon Robert a six ans et il a un ' cœur d'ange '. Il éprouve de l'amour envers tout le monde. Il tient à réconforter toutes les personnes dans le besoin. Si un de ses amis se blesse, Robert est tout attentionné. Il veut donner quelque chose à chaque sans-abri qu'il rencontre dans la rue. Robert est un être doux et bienveillant, et c'est comme si le soleil brillait à travers lui. » – Michelle, à propos de Robert, son fils de six ans.

L'amour et le respect des aînés : Comme s'ils percevaient la sagesse et l'apaisement qui viennent avec l'âge, les enfants cristal sont irrésistiblement attirés vers les personnes âgées. Ils adorent leurs grands-parents, et tissent facilement des liens avec les personnes du troisième âge, même s'il s'agit de parfaits étrangers.

Mary et Haley, sa fille de trois ans, fréquentent un bar laitier qui possède un petit jardin extérieur où les clients peuvent s'asseoir et savourer leur crème glacée. Lors de leurs trois dernières visites, plusieurs personnes âgées se trouvaient dans ce jardin, en train de consommer leur glace seules. Chaque fois, Haley s'est dirigée vers la personne et s'est assise à côté d'elle. Elle n'a pas parlé avant qu'on lui adresse la parole, mais Mary raconte que sa fille a chaleureusement étreint chacune de ces personnes esseulées. De toute évidence, elle a perçu leur besoin d'amour et de compagnie, et elle était prête à répondre à ce besoin.

Dans la même veine, Conchita Bryner dit que ses deux plus jeunes enfants (un fils de 20 mois et une fille de 5 ans) sont attirés vers les personnes du troisième âge comme s'ils partageaient avec elles un lien de parenté spécial.

La famille de Conchita a récemment organisé une cérémonie pour commémorer le dixième anniversaire du décès de la grand-mère paternelle de leurs enfants. Elle a partagé avec moi ses souvenirs de cette journée :

« Comme ma plus jeune fille n'a pas connu sa grand-mère, elle m'a posé beaucoup de questions à son sujet avant la cérémonie. Elle savait que nous allions déposer des fleurs sur sa tombe, et elle a préparé son propre bouquet. À ma grande surprise, elle a demandé à sa sœur aînée de rédiger pour elle un poème qu'elle avait composé. Lorsqu'elle a lu le poème pendant la cérémonie, mon mari et moi avons fondu en larmes – elle disait à sa grand-maman qu'elle lui manquait et qu'elle resterait à jamais dans son âme. »

Le pardon et le maintien de la paix : Aujourd'hui, le monde a besoin de pardon et de compassion, et les enfants cristal sont un brillant exemple de la capacité de présenter l'autre joue. Si leurs frères et sœurs aînés indigo possèdent un esprit guerrier qui les pousse à se battre pour faire triompher la cause du bien, les enfants cristal, eux, ont plutôt adopté un style proche de celui de Gandhi pour régler les conflits. Voici quelques exemples :

Gloria Powell-Frederickson, mère de deux enfants cristal et d'un enfant indigo, légèrement plus âgé, a constaté que, lorsqu'il y a conflit, ses enfants réagissent de façon très différente selon la génération à laquelle ils appartiennent. « Quand une dispute éclate, mes enfants cristal abandonnent et se retirent, sans que cela les dérange le moins du monde, et ils sont toujours prêts à pardonner, dit-elle. Mais mon enfant indigo préfère poursuivre la discussion et en découdre jusqu'au bout. »

Corbin, âgé de trois ans, a appris comment résoudre les conflits grâce au lien qu'il entretient avec la nature. Il ne cesse de parler des arbres et des choses qu'ils disent ou font. Chaque fois qu'il entend des gens parler sur un ton négatif, il leur demande : « S'il vous plaît, parlez comme le font les arbres. » Il veut dire par là s'exprimer avec douceur et amour.

Mei, âgée de deux ans, ne frappe jamais ses compagnons de jeu, même si, eux, par contre, ne se gênent pas pour le faire. Elle se borne à dire : « Non, ne me frappe pas – je suis ton amie ! »

Denise Christie raconte qu'Alice, sa fille de cinq ans, peut se sentir très blessée si quelqu'un fait preuve de cruauté ou de malveillance à son égard : « Alice ne comprend absolument pas pourquoi quelqu'un voudrait faire une chose pareille, dit Denise. Elle est si pure que, lorsqu'elle se fait rudoyer, je crois qu'elle ne s'en rend même pas compte. »

§ § §

Les enfants cristal dégagent de l'amour dans toutes leurs actions et leurs démarches. Ils sont la preuve que la race humaine évolue et possède la capacité de dépasser les différences et les querelles sans importance. Ils sont des exemples vivants de la possibilité de fonctionner à partir du moi supérieur et non de l'ego.

Cependant, on ne peut pas dire que les enfants cristal ne causent aucun souci à leurs parents. J'ai demandé à des parents de me faire part de certaines des difficultés qu'ils rencontraient avec leurs enfants cristal. La plupart du temps, les problèmes rapportés étaient minimes. Cependant, certaines difficultés semblent plus courantes, comme vous pourrez le constater à la lecture du prochain chapitre.

· · · ❋ · · ·

CHAPITRE 11

Manger, dormir et faire le difficile

N'importe quelle caractéristique humaine peut être considérée sous un jour négatif ou positif. Par exemple, l'entêtement peut être vu comme de la ténacité ou une volonté de « tenir bon », et la capacité de s'affirmer comme de l'arrivisme. Vous voyez ce que je veux dire.

On pourrait faire une observation semblable à propos des enfants cristal et de leurs choix. D'un côté, toute personne qui évolue dans la vie à partir des chakras supérieurs est très exigeante envers elle-même. Lorsqu'on ouvre le chakra du cœur et qu'on devient capable d'aimer vraiment, on a tendance à attirer vers soi des situations et des gens possédant une énergie remplie d'amour (et à être attiré vers ces derniers). Une personne dont le cœur est ouvert est incapable de supporter des situations ou des relations empreintes de violence, de négativité, d'impureté, de tapage ou de tout ce qui est discordant.

Selon les lois de l'attraction, nous attirons à nous des gens et des situations qui reflètent nos pensées dominantes et nos croyances. Par exemple, si nous croyons que les gens sont fondamentalement bien intentionnés, nous attirerons des amis doux et bienveillants.

Au cours de notre cheminement spirituel, il se peut que nous changions notre cercle d'amis, la façon dont nous nous alimentons et d'autres aspects de notre mode de vie. Nos nouveaux choix reflètent notre évolution. Et les enfants cristal, qui sont déjà très évolués sur le plan spirituel, sont naturellement attirés par − et attirent vers eux − des situations possédant une fréquence énergétique très élevée.

Par conséquent, les enfants cristal passent souvent pour des êtres tatillons et difficiles. Toutefois, on pourrait regarder les choses autrement et dire que ces enfants font plutôt preuve de « discernement ». Une personne capable de discernement possède une haute estime d'elle-même et s'accorde suffisamment d'importance pour choisir des amis, des repas, des films, des emplois, des domiciles et autres qui lui comblent le corps et l'esprit.

Le régime alimentaire et les enfants cristal

Dès que je me suis complètement plongée dans mes études sur la spiritualité, mon appétit pour la nourriture et les boissons a changé presque immédiatement. Quelque chose à l'intérieur de moi m'enjoignait de manger davantage de fruits et de légumes biologiques et moins de produits d'origine animale. Je suis complètement végétarienne (ce qui veut dire que je ne consomme pas de viande, de volaille, de poisson ni de produits laitiers) depuis 1997, et je suis extrêmement satisfaite de ce choix de mode de vie.

Un grand nombre de mes étudiants, des personnes qui assistent à mes conférences et de mes lecteurs rapportent avoir perçu un appel intérieur similaire. Même si elles ne deviennent pas automatiquement végéta-riennes, les personnes en démarche spirituelle consomment généralement moins d'aliments transformés et évitent la viande rouge ainsi que le sucre et la farine raffinés.

Les anges disent que les humains sont en pleine évolution et en passe de devenir moins dépendants de la nourriture pour leur apport en énergie. Selon eux, nous commencerons par devenir végétariens, puis des consommateurs d'aliments crus, c'est-à-dire de fruits et de légumes non cuits. Puis nous passerons aux jus, qui sont plus faciles à digérer, et enfin nous deviendrons des « respiriens » et puiserons la totalité de notre alimentation à même l'énergie vitale – ou prana – présente dans l'air. Tout cela nous permettra de devenir plus intuitifs et nous aidera à nous adapter aux changements dans les réserves alimentaires terrestres, à mesure que nous nous éloignerons de la nourriture transformée pour nous tourner davantage vers les fruits et les légumes frais.

Eh bien, les enfants cristal en sont déjà là. Leurs papilles gustatives ont déjà atteint des niveaux d'évolution très élevés. De tous les aliments, ce sont les fruits et les légumes biologiques crus qui renferment la plus grande quantité d'énergie vitale. Il n'est donc pas étonnant que les enfants cristal préfèrent les régimes végétariens. Mais tout dépend de votre façon de voir la situation.

Certains parents la considèrent problématique. Par exemple, une mère m'a dit éprouver toutes les misères du monde à faire en sorte que son fils de quatre ans ingurgite de « vrais repas ». Ce faisant, elle va à l'encontre de la nature fondamentale de ces enfants, qui préfèrent « grignoter » des repas plus petits et plus fréquents composés d'aliments sains et de jus. Les nutritionnistes affirment qu'il s'agit là d'un moyen sain de maintenir l'équilibre du taux de glucose sanguin et d'éviter d'avoir envie de s'empiffrer.

Dans bien des cas, les habitudes alimentaires des enfants cristal telles que décrites par leurs parents montrent qu'ils sont très en harmonie avec leur corps. Alors, si les parents ont confiance que les préférences naturelles de leurs enfants sont en mesure de remplir leurs besoins nutritionnels, c'en est fini des épreuves de force à chaque repas. Si j'en juge par les histoires que j'ai reçues, on peut faire confiance sans hésiter aux choix alimentaires des enfants cristal.

Par exemple, de nombreux enfants cristal choisissent d'eux-mêmes d'être végétariens. Ainsi, Jacob, sept ans, refuse de consommer de la viande, même si sa mère n'est pas végétarienne et tente de le convaincre d'en manger.

La principale raison pour laquelle les enfants cristal ne consomment pas de bœuf, de poisson ou de volaille tient à l'empathie qu'ils éprouvent à l'égard des animaux. Un garçon de deux ans a dit : « Il ne faut pas manger de poisson, car ils meurent lorsqu'on les sort de l'eau. » Shailyn, quatre ans, et Maia, trois ans, sont des végétariennes avouées, affirmant qu'il n'est pas bien de tuer des animaux pour les manger. Chaque fois qu'elle voit de la volaille ou de la viande, Mei, deux ans, s'écrie : « Pouah, du poulet mort » ou « Pouah, de la vache morte. »

Les parents qui s'inquiètent à propos des besoins nutritionnels de leurs enfants seront heureux de savoir que l'American Dietetic Association considère le végétarisme comme une façon de s'alimenter saine et équilibrée. Les légumes, les céréales, les produits du soya, les noix et les légumineuses contiennent suffisamment de protéines pour remplir les besoins physiques d'une jeune personne en santé. De plus, la plupart des diététistes, des nutritionnistes et des médecins reconnaissent que le végétarisme est un type d'alimentation sain. Après tout, un lien a été établi entre les produits d'origine animale et les maladies cardiaques, les taux de cholestérol élevés, l'obésité, l'ostéoporose et d'autres problèmes de santé.

Les parents de Corbin, trois ans, reçoivent constamment des compliments à propos de leur fils, dont l'attitude calme et détendue est très appréciée. Ils attribuent le tempérament paisible de leur fils en partie à son régime alimentaire, composé de produits biologiques et exempt de sucre raffiné.

De nombreux parents rapportent que leurs enfants préfèrent boire leurs repas que les manger. Par exemple, Kelly, mère de cinq enfants (dont trois sont des enfants cristal), m'a dit : « Mes enfants sont végétariens et consomment peu de sucre. Leur régime alimentaire est très liquide. Ils éprouvent une aversion naturelle pour la viande et les aliments lourds, et veulent constamment boire de l'eau. » William, trois ans, préfère les jus aux aliments solides. Les parents qui s'inquiètent à propos de l'alimentation de leurs enfants peuvent toujours préparer des « milk-shakes » au moyen d'un mélangeur, en utilisant de la poudre de protéine de soja ou de riz enrichie de vitamines et de minéraux (en vente dans la section des aliments naturels de la plupart des magasins d'alimentation, ou sur Internet).

De même, bon nombre de mamans rapportent que leurs enfants cristal veulent continuer à téter au-delà de la première année. Et la plupart des parents constatent que l'élimination du sucre du régime alimentaire de leurs enfants a contribué à améliorer leur moral et à stabiliser leur énergie. Une mère affirme que, si sa fille de cinq ans ingurgite quoi que ce soit contenant du chocolat, elle devient déchaînée et pratiquement impossible à calmer.

Les habitudes de sommeil

Dans le cadre de mon étude, j'ai demandé aux parents de me décrire toutes les difficultés qu'ils éprouvaient avec leurs enfants cristal. La réponse que j'ai reçue le plus fréquemment, et de loin, se rapportait aux habitudes de sommeil. Regorgeant d'énergie, ces enfants ont du mal à se résoudre à manquer quoi que ce soit sous prétexte qu'il leur faut dormir ! Il se peut également que cette tendance soit une autre manifestation de leur haut degré d'évolution, préfigurant une époque où la race humaine n'aura plus besoin d'autant d'heures de sommeil. Quelle que soit la raison, il se passe certainement quelque chose de particulier dans ce domaine.

Les enfants cristal sont si sensibles que toute stimulation peut entraîner chez eux de l'insomnie. Les habitudes de sommeil de Bryn, 13 mois, sont le seul aspect qui a donné du fil à retordre à sa mère. « Depuis sa naissance, il a toujours été très alerte, raconte-t-elle. Bryn observe tout ce qui l'entoure en s'investissant beaucoup, ce qui crée toujours chez lui une stimulation excessive. Il lui est ensuite difficile de se calmer et de s'endormir. »

Faire ou ne pas faire de sieste l'après-midi relève d'une décision personnelle. Les parents d'Erin ont constaté que, si elle faisait un somme pendant la journée, elle ne dormait pas de la nuit. Et depuis qu'ils ont éliminé la sieste, Erin fait ses nuits et semble plus enjouée le matin venu. « Les après-midi sont devenus des périodes de divertissement où nous préparons des mets délicieux, bricolons ou regardons une bande vidéo », raconte sa mère.

D'autres parents considèrent la sieste essentielle. Si Victoria, trois ans, ne fait pas un petit somme au cours de la journée, elle met des jours à s'en remettre et à se sentir en forme.

Il s'agit d'un domaine où les parents auraient avantage à établir un programme de sommeil personnalisé en fonction des rythmes et des besoins de l'enfant. Pour les autres problèmes liés au sommeil, certains parents ont trouvé des solutions vraiment uniques :

- Colin, quatre ans, a un lien parapsychique très fort avec sa mère. « Petit bébé, et jusqu'à il y a environ un an, il se réveillait en pleurant chaque fois que mon sommeil était interrompu par un mauvais rêve, raconte cette dernière. J'ai donc pris l'habitude, chaque soir, de visualiser que le lien qui existait entre nous était une chaîne, que je séparais en défaisant deux des maillons (je ne me sentais pas à l'aise de couper le cordon qui nous unissait). »

Depuis, Colin ne se réveille plus pendant la nuit.

- Une autre maman, après avoir tout essayé pour que sa fille aille au lit le soir sans faire d'histoires, a également coupé le cordon et remarqué une nette amélioration. « Si je constate une résurgence des anciens problèmes relatifs au coucher, je nettoie mes chakras, et les choses reviennent aussitôt à la normale ! dit-elle. Cela a été une formidable découverte pour nous ! » [Note : Pour couper les cordons de peur qui peuvent causer des problèmes, gardez cette intention à l'esprit et demandez aux anges de les couper pour vous. C'est tout ce qu'il y a à faire. Toutefois, si vous voulez plus de renseignements sur les façons de couper le cordon, vous pouvez consulter mon livre intitulé *Chakra Clearing*, publié chez Hay House.]

- Robin Rowney est mère de deux enfants cristal jumeaux qui, lorsqu'ils étaient bébés, ne faisaient pas leurs nuits. Un soir, exténuée par le manque de sommeil, Robin s'est mise à prier car elle avait désespérément besoin d'aide. Elle a aussitôt entendu un bruit en provenance du berceau de son fils Zack. Croyant qu'il se réveillait de nouveau pour réclamer une autre tétée, elle a tendu l'oreille pour voir s'il allait l'appeler. Elle a regardé ensuite en direction de son enfant et a remarqué qu'une lumière de plus en plus brillante planait au-dessus du berceau. Au même moment, Robin s'est rendu compte que Zack s'était mis à rire. Elle s'est alors avancée pour s'assurer qu'elle n'avait pas la berlue. Zack riait si fort qu'elle a cru qu'il allait réveiller son frère.

« La lumière ressemblait à une espèce de brume d'un jaune doré, raconte Robin. Elle n'avait pas de forme précise, mais j'avais la profonde certitude qu'il s'agissait d'un des anges de Zack. Un sentiment de calme et de paix s'est alors installé dans la pièce. » Après cet incident, Robin et ses fils ont dormi toutes leurs nuits d'un sommeil profond.

- Pendant un certain temps, Shailyn, quatre ans, refusait d'aller au lit. Sa mère a donc commencé à lui administrer des traitements énergétiques de Reiki au moment du coucher, en lui disant les paroles suivantes : « En ce moment, je t'enveloppe d'une superbe lumière dorée ; les anges sont ici pour te protéger, et ils resteront à tes côtés. » Shailyn tombe dorénavant endormie chaque soir sans problème.

- La mère de Crystal a découvert que, si sa fille consommait du sucre peu de temps avant l'heure du coucher, elle n'arrivait pas à s'endormir. Elle a donc interdit toute consommation de sucre à cette heure de la journée, réglant du même coup les problèmes de sommeil de sa petite.

- Haley était tourmentée par des cauchemars où se succédaient des sorcières et des images sinistres. Sa mère lui a donc enseigné comment purifier son espace énergétique.

Dorénavant, Haley s'adresse en ces termes à tout esprit importun : « Si tu n'es pas Dieu, il te faut t'en aller ! » Haley visualise également une bulle de lumière blanche autour de sa maison, de même qu'un globe protecteur de couleur dorée. Les cauchemars ont cessé, et la jeune Haley a pu du même coup prendre la mesure de son propre pouvoir.

- Kathy DiMeglio a fait appel à un programme combiné pour aider sa fille Jasmyn à mieux dormir. Kathy croit que les problèmes de sommeil de sa fille étaient attribuables à une combinaison de facteurs, soit la peur qu'on lui fasse du mal pendant la nuit et l'angoisse à l'idée d'être séparée de ses parents. Kathy s'est alors mise à écouter chaque soir la cassette accompagnant mon livre *Chakra Clearing* (bien des parents trouvent que les exercices qu'elle contient leur procurent du réconfort et leur permet de nettoyer rapidement l'énergie d'une pièce). Elle a également pris l'habitude, à l'heure du coucher, de prier avec sa fille et de lui parler des archanges. De plus, Kathy a emmené Jasmyn au magasin de jouets et lui a laissé choisir un animal en peluche avec qui elle aimerait dormir. Par la suite, Kathy a coupé les cordons de peur entre elle et sa fille.

Aujourd'hui, Jasmyn dort parfaitement bien, et ses parents n'ont plus de souci dans ce domaine.

L'apprentissage de la propreté

Aucune caractéristique particulière ne ressort chez les enfants cristal relativement à l'apprentissage de la propreté. Certains parents ont traversé cette période comme un charme, racontant que leurs enfants ont pratiquement fait cet apprentissage par eux-mêmes. Toutefois, il en va tout autrement pour d'autres parents.

La mère d'Abbie raconte que sa fille a l'habitude de prendre son temps en toute chose. « Abbie a commencé à parler sur le tard, n'a fait ses premiers pas qu'après son premier anniversaire et a *refusé* d'apprendre à utiliser les commodités jusqu'à ce qu'elle ait dépassé l'âge de trois ans », dit la maman.

Une autre femme m'a dit que l'apprentissage de la propreté avait été difficile pour son fils car il voulait tout faire lui-même. « Il est extrêmement têtu, raconte-t-elle, et a rendu cet apprentissage très ardu. Il sait très bien comment il faut faire, mais il aime le faire à sa façon et quand ça lui plaît. »

Certains parents ont dit qu'après avoir donné des explications claires à leurs enfants cristal, ceux-ci ont mieux compris *pourquoi* l'usage des cabinets d'aisance était important. En effet, certains enfants cristal refusent d'obtempérer s'ils n'ont pas compris le pourquoi d'une démarche.

Tatillons ou extrêmement bien organisés ?

Les enfants cristal sont-ils des artistes du feng shui qui savent intuitivement que la désorganisation entraîne la discorde énergétique ? Ou font-ils preuve d'un perfectionnisme frisant la névrose ? Encore une fois, j'opterai pour l'explication de l'évolution spirituelle. Cependant, quand on vit avec un enfant cristal qui insiste pour que tout soit fait *d'une certaine façon*, on est tenté de se ranger du côté de la deuxième explication dans les moments de frustration.

J'ai reçu des douzaines de témoignages sur les aptitudes organisationnelles des enfants cristal, racontant à quel point ils peuvent être pointilleux en ce qui a trait à leur chambre, à leurs effets personnels et à leurs vêtements. Par exemple, Hannah, sept ans, est très exigeante pour ce qui est du confort de ses vêtements. Ses chaussettes et ses chaussures doivent être placées à la perfection, et ses vêtements doivent être doux, sinon elle refuse de les porter. Véritables enfants de la nature, les enfants cristal préfèrent souvent rester nus que porter des vêtements.

Les enfants cristal aiment que leur chambre soit propre et bien organisée, et certains d'entre eux préfèrent même y veiller personnellement. Ainsi, Victoria, trois ans, garde sa chambre très en ordre, ce qui n'est pas un mince exploit compte tenu des piles de jouets, de vêtements, de livres et d'animaux en peluche qui s'y trouvent.

Les enfants cristal aiment également organiser leurs jouets avec soin quand ils s'en servent. Par exemple, Taylor, trois ans, adore disposer ses blocs et ses jouets de façon à former des croix, des avions ou des lettres de l'alphabet. Un jour, il a placé tous ses jouets en une ligne continue traversant toute la maison. Une fois qu'il eut terminé, il s'est exclamé : « C'est superbe ! »

Mei, deux ans, adore diviser les choses en catégories, comme les poupées-enfants et les poupées-mamans. Elle adore former une longue ligne avec ses figurines de dinosaure, en partant de la plus petite et en terminant avec la plus grande.

Parfois, le goût des enfants cristal pour l'organisation peut friser le perfectionnisme. Par exemple, William, trois ans, refuse de se servir d'un crayon brisé et de manger de la nourriture « gâchée » par de la sauce. Et Jacob, sept ans, insiste pour placer ses blocs de construction dans des positions précises.

Encore une fois, tout dépend de la façon dont on regarde la situation. On pourrait appeler ça du perfectionnisme – ce qui serait une façon plutôt négative de voir les choses. Je préfère la formule employée par Wendy Eidman, qui parle de « haute créativité » quand elle décrit Emily, sa fille de trois ans. Voici ce que dit Wendy :

« La capacité d'attention d'Emily surpasse tout ce que j'ai vu auparavant.

Lorsqu'elle est profondément absorbée à colorier ou à peindre, rien ne peut la détourner de son travail jusqu'à ce qu'elle ait terminé. Ce trait de caractère joue à mon avantage lorsque nous devons ramasser des pommes de pin éparpillées dans le jardin. Nous avons un pin géant qui produit des centaines de cônes chaque automne. Lorsque vient le temps de les ramasser, Emily a plus d'endurance à la tâche que n'importe quel autre membre de la famille. Mon fils se lasse au bout de cinq minutes mais, une heure plus tard, Emily est toujours dans le jardin en train de ramasser des pommes de pin !

« Elle n'aime pas abandonner un travail avant la fin. Après que nous ayons eu nettoyé le jardin, un jour, elle s'est mise à s'amuser sur la balançoire. De temps en temps, elle apercevait une pomme de pin qui avait échappé à notre vigilance. Elle s'élançait alors de la balançoire – ou cessait de jouer au basket-ball ou encore interrompait toute activité à laquelle elle était en train de s'adonner, selon le cas –, allait ramasser le cône et le déposait dans le panier ! Elle aime la constance. Elle aime savoir à quoi s'attendre et que les choses ne changent pas.

« Elle n'aime pas, par exemple, que son frère décide de s'asseoir à sa place au dîner, ou d'autres choses du genre. Chaque soir, autour de la table, nous avons la même conversation. Nous échangeons des propos d'un bout à l'autre de la table, se demandant les uns aux autres : « Alors, comment a été ta journée ? » Habituellement, Kirk, mon mari, répond : « Ma journée a été pleine de travail. » Mais l'autre jour, il a plutôt dit : « Ma journée a été pleine de clients ! » ce qui a beaucoup troublé Emily. Elle a aussitôt rectifié : « Non, papa, ta journée était pleine de travail ! »

Les enfants cristal aiment la constance. Dans un monde où tout semble en perpétuelle transformation, qui peut les blâmer de vouloir que les choses soient stables et prévisibles ? Cela me semble très sain et rafraîchissant !

Prendre son temps

Dans le nouveau monde, nous ne mènerons pas nos vies en nous basant sur des horloges et des calendriers. Nous ferons appel à notre horloge intérieure pour guider nos actions. Par synchronicité et non à coups de rendez-vous, nous arriverons exactement au bon endroit, exactement au bon moment.

Or, il se trouve que les enfants cristal sont déjà guidés par leur horloge intérieure plutôt que par des mécanismes extérieurs de calcul du temps. Cela peut être frustrant pour les parents qui ont un horaire à respecter. Une chose est certaine : les parents des enfants cristal doivent s'armer de beaucoup de patience – ce qui constitue l'une des leçons que ces enfants nous aident à apprendre, nous les adultes.

Jennifer rapporte que Jacob, son fils de sept ans, aime bien prendre son temps et refuse de se presser pour qui ou pour quoi que ce soit. Selon Jennifer, ce n'est pas que Jacob soit mentalement lent, mais il aime faire les choses de façon délibérée parce qu'il tient à ce qu'elles soient accomplies d'une certaine façon. Il suit son propre horaire, et non celui des autres.

Abbie, trois ans, est pareille. « Elle fait les choses quand elle le juge bon, et pas nécessairement quand son professeur de préscolaire le lui demande, dit sa mère. Elle déteste les horaires et préfère demeurer un esprit libre. Je ne sais pas trop comment cette façon de fonctionner sera conciliable avec les exigences scolaires. »

> *Les enfants cristal sont déjà guidés par leur horloge intérieure plutôt que par des mécanismes extérieurs de calcul du temps.*

Crystal, la mère de Zoey, pense ceci : « Je trouve qu'il faut faire preuve de beaucoup de patience avec les enfants cristal parce qu'ils sont de vieux esprits qui prennent leur temps pour tout examiner et tout inspecter, pour ensuite expliquer en détail ce qu'ils en pensent. Zoey demeure assise jusqu'à ce qu'elle ait déterminé comment lacer ses chaussures, attacher ses boutons, se brosser les cheveux et effectuer les autres tâches matinales. J'essaie de rester très patiente parce que je comprends son besoin de prendre son temps. Elle n'est jamais pressée et déteste qu'on la pousse dans le dos. »

Les enfants cristal savent qu'il est plus sain de demeurer centré et calme que de se laisser envahir par la peur d'être en retard. Ils savent déjà que le temps n'est pas réel, et qu'il peut être infléchi et aligné de manière à arriver à temps – même lorsque les apparences suggèrent le contraire.

La création de liens profonds et le besoin d'attention

Les enfants cristal entretiennent un lien spécial avec un ou plusieurs de leurs parents ou de leurs grands-parents – avec les personnes qui sont capables de les comprendre à un niveau profond. Une fois le lien établi avec la personne, les enfants cristal n'aiment pas en être éloignés. Ils dépendent de cet adulte pour obtenir réconfort, compréhension et chaleur physique. Ces enfants risquent de souffrir d'angoisse de séparation parce qu'ils ont peur que les autres ne comprennent pas leurs besoins. Ils craignent aussi parfois que les autres enfants ou adultes fassent preuve de malveillance à leur égard. Sensibles, ils essaient d'éviter d'être blessés en demeurant proche d'un adulte en qui ils ont confiance.

Timothy raconte que Julia, sa fille de six mois, veut toujours qu'on l'étreigne. « Nous ne pouvons la déposer une seule minute dans son berceau », dit-il.

Pam raconte qu'Hannah, sa fille de quatre ans, éprouve une grande peur de l'abandon. « Elle ne veut jamais être seule, ajoute Pam, en particulier si cela implique d'être éloignée de moi. »

Certains parents comprennent les fondements métaphysiques de cette apparente dépendance. Carri Lineberry dit que Maia, sa fille de trois ans, lui est extrêmement attachée. « J'ai le sentiment que ma relation avec elle est très importante. Je me considère comme une ' force stabilisante ' ou quelque chose comme ça », dit-elle.

· · · ✳ · · ·

CHAPITRE 12

Des conseils des parents, des professeurs
et des enfants cristal eux-mêmes

En tant que parent, grand-parent ou professeur d'un enfant cristal, vous avez une mission sacrée et vitale. Vous avez conclu un contrat spirituel aux termes duquel vous devez guider cette âme et l'aider à réussir un équilibre délicat : conserver une fréquence spirituelle très élevée ainsi que des dons étonnants en matière de télépathie et de lucidité… tout en s'assimilant à la vie terrestre. Votre tâche n'est pas aisée, mais vous disposez heureusement de beaucoup d'aide en provenance des anges terrestres et célestes.

Les personnes que j'ai interviewées en préparation du présent livre étaient heureuses de pouvoir transmettre à mes lecteurs des conseils éprouvés tirés de leur expérience personnelle.

Les anges et la prière : Cynthia Berkeley dit avoir trouvé très efficace de demander mentalement aux anges gardiens de ses enfants de l'aider à calmer et à réconforter ces derniers lorsqu'ils deviennent trop turbulents, en particulier quand elle est au volant de sa voiture.

Comprendre qu'ils sont des êtres visuels : Les personnes qui fonctionnent surtout à partir du côté droit du cerveau ont des souvenirs qui relèvent plus de la sphère visuelle que de la sphère langagière. Par exemple, ils mémorisent l'*apparence* des mots plutôt que leur sonorité phonétique. Catherine Poulton affirme qu'il lui est utile de se rappeler que Kylan, son fils de cinq ans, traite l'information différemment. À l'âge de deux ans, Kylan a eu toutes les difficultés du monde à apprendre l'alphabet mais, un jour, en feuilletant une revue, il s'est arrêté en montrant une photo du doigt : « C'est George Washington », a-t-il dit fort justement. C'est à ce moment-là que Catherine a compris à quel point son fils appréhendait la réalité de façon visuelle.

Expliquer, sans forcer les choses : Lorsqu'on essaie de forcer les enfants cristal à faire quelque chose, on ne réussit qu'à installer une lutte de pouvoir. Pam Caldwell raconte qu'Hannah, sa fille de quatre ans, est très douce et très agréable… jusqu'à ce qu'on essaie de la forcer à faire quelque chose contre son gré. « Mais quand on lui explique la logique qui sous-tend une demande, Hannah accepte de s'y conformer ou trouve une meilleure solution », dit Pam, qui s'est rendu compte qu'il valait mieux s'adresser à Hannah comme si elle était une adulte, tout en employant un langage adapté à son âge.

Penny, mère d'un enfant cristal, abonde dans ce sens. « Laissez-les être différents et ne les forcez pas à se couler dans le moule de la 'normalité', dit-elle. Ne les forcez pas à parler, car il vous est possible de communiquer avec eux de façon plus instinctive. Ils parleront quand ils seront prêts, lorsqu'ils verront la nécessité de s'exprimer verbalement. Habituellement, cela se produira lorsqu'ils auront des interactions avec des personnes qui ne semblent pas comprendre leur façon unique de communiquer. »

Une éducation fondée sur l'affection : Plusieurs des parents que j'ai interrogés ont mentionné que l'éducation basée sur l'affection était une méthode particulièrement fructueuse avec leurs enfants cristal. Selon cette philosophie, les parents ont avantage à créer des liens physiques et émotionnels avec leurs enfants en faisant preuve de sensibilité et de réceptivité lorsque l'enfant pleure, en l'allaitant au sein, en le transportant au moyen d'un porte-bébé, en dormant avec lui et en lui procurant un milieu de vie où règnent calme et douceur. Il existe de nombreux livres et sites Internet traitant de ce mode d'interaction parental.

Faire intervenir les animaux lorsque les enfants sont trop turbulents : Voici une bonne idée qui nous vient de Misty : « Chaque fois que Leah, ma fille de deux ans, devient insupportable, je lui dis 'Les chats te regardent !' et cela la calme immédiatement. »

Leah ne voudrait surtout pas perdre le respect de ses félins adorés !

Vivre et laisser vivre : Melissa, mère de Liam, sept ans, a ceci à nous dire : « Je ne suis pas sévère. Je ne suis pas dictatoriale. Je permets à mon fils d'être qui il est. Liam sait instinctivement quelles sont les tâches à accomplir, et il s'en acquitte. Nous ne nous disputons jamais, et personne ne crie. Je suis honnête et directe avec lui, et il fait de même avec moi. Nous formons une famille heureuse, insouciante et chaleureuse, et nous fonctionnons dans nos dysfonctions. »

Une autre mère, du nom de Sue, va dans le même sens : « Ces enfants ont besoin de liberté pour courir et s'exprimer. Lorsqu'ils reviennent en colère de l'école, c'est parce qu'ils n'en peuvent plus d'être restés en cage pendant toute la journée ; ils ont besoin de liberté pour laisser libre cours à leurs émotions. »

Prenez soin de vous-même : « Les parents des enfants cristal doivent s'adonner à leur propre programme de yoga ou de méditation, et se donner des moments de réflexion en toute tranquillité, de façon à prendre contact avec leurs propres guides divins, dit Kathy. Tenez un journal. Écrivez des lettres à vos enfants cristal – non seulement constitueront-elles des cadeaux inestimables lorsque les enfants auront grandi, mais aussi vous permettront-elles de tenir une chronique des merveilleux incidents qui se produisent dans votre vie au fil des ans. »

Adressez-vous à vos enfants _sans_ condescendance : Crystal raconte que Zoey, sa fille de trois ans, devient irascible si elle sent qu'on s'adresse à elle avec condescendance. Il importe de discuter avec les enfants cristal en leur accordant le même degré de respect qu'à un bon ami.

Les harmonies vocales et les chants spirituels : Sue, mère de deux enfants cristal, raconte qu'elle et son mari, Darren, s'adonnent chaque soir à des séances de chant à l'heure du coucher des enfants. Et les enfants en redemandent : « Maman, pourrais-tu s'il te plaît me fredonner ce _Ohhhh_ encore une fois ? »

L'enseignement scolaire : Les parents qui peuvent offrir à leurs enfants un enseignement à domicile ou les envoyer dans des écoles fondées sur la méthode Waldorf ou Steiner rapportent que leurs enfants cristal semblent très heureux et qu'ils apprennent beaucoup.

La mère d'un enfant cristal de cinq ans m'a dit que, depuis que son fils fréquentait une maternelle Waldorf, elle avait remarqué chez lui des changements favorables en ce qui a trait à son estime de soi, à son sens de l'ordre social et au développement de son imagination. (Pour de plus amples renseignements sur les écoles Waldorf et Steiner, visitez **awsna.org** pour l'Amérique du Nord, **steinerwaldorf.org.uk** pour le Royaume-Uni et **steiner-australia.org** pour l'Australie, et consultez les répertoires Internet pour les autres pays.)

Si votre emploi du temps ou votre budget ne vous permettent pas d'opter pour ces ressources, Michelle est un superbe exemple de l'efficacité que peuvent avoir d'autres approches. Elle dit que Robert, son fils de six ans, est très en avance sur un grand nombre de ses camarades de classe. « Il est très brillant et très curieux ; alors, nous lui enseignons beaucoup de choses à la maison en plus de nous intéresser à son travail scolaire », dit-elle. Michelle ajoute que Robert aime tout ce qui relève du domaine créatif et qu'il adore les horaires structurés. Plusieurs autres parents ont également affirmé avoir constaté chez leurs enfants une amélioration immédiate dès qu'ils ont commencé à les aider dans leurs études.

La méditation : « Mon fils adore méditer et prier », dit Catherine, mère de Kylan, cinq ans.

Les disciplines orientales : Tai chï, qi gong, yoga et karaté sont autant de merveilleux moyens pour les jeunes d'extérioriser leur énergie, et constituent de bons outils pour enseigner aux enfants cristal comment maîtriser leur énergie et comprendre celle des autres.

Kylan, le fils de Catherine, adore ses cours de karaté. « Il apprend comment employer efficacement son pouvoir intérieur, explique-t-elle. Il a un excellent professeur et l'enseignement n'est pas compétitif. De plus, le karaté lui apprend comment ériger un champ de force protecteur autour de son corps de façon à ce qu'il puisse faire preuve d'empathie envers les autres sans pour autant endosser leurs problèmes (il est très sensible). Ce sport comporte aussi de formidables exercices de centrage et de purification. »

Être attentif et dire la vérité : Denise, mère d'Alice, cinq ans, est de l'avis suivant : « Il faut toujours être attentif, car ces enfants détestent qu'on les ignore. Évitez d'altérer la vérité ou de mentir, car ils sauront à tout coup vous percer à jour et risquent de se sentir contrariés s'ils vous prennent en flagrant délit de mensonge. Ne brisez jamais une promesse ; il est très important pour eux que vous teniez vos promesses. »

La patience : Andrea, mère d'Abbie, trois ans, conseille aux parents de faire preuve de patience avec leurs enfants cristal. « Ils ne sont pas comme les autres enfants, et ont probablement beaucoup à offrir si on leur en donne la chance – c'est-à-dire en évitant de leur administrer des médicaments pour qu'ils ' se conforment ' à ce que la société considère comme normal », dit-elle.

La constance : Bien des parents rapportent que leurs enfants cristal sont plus en forme lorsqu'ils mangent et dorment selon des horaires réguliers. Les études démontrent que les enfants se sentent plus en sécurité quand ils savent à quoi s'attendre. Voici ce qu'en pense Mary, mère de deux enfants cristal respectivement âgés de cinq et de six ans : « Le fait de mettre mes enfants au lit à la même heure chaque soir et de leur témoigner beaucoup d'affection a fait toute la différence. »

Apprendre des enfants : Cynthia, mère de deux enfants cristal, nous rappelle que ces enfants sont nos enseignants : « Nous pouvons montrer à ces enfants comment fonctionner dans cette réalité tridimen-sionnelle et comment jouer le jeu, mais en réalité ce sont eux qui sont ici pour nous prodiguer un enseignement beaucoup plus approfondi. Si vous n'agissez pas avec votre cœur, les enfants le sauront. Si vous vous attendez à ce qu'ils soient indisciplinés, eh bien ils le seront. Surveillez votre propre intégrité et vos attentes, car ils sont capables de lire en vous et d'en tirer avantage. »

La visualisation : Comme les enfants cristal sont hautement visuels, vous pouvez les aider à gérer leurs humeurs et à manifester leurs intentions à l'aide d'exercices de visualisation. Rosie Ismail, enseignante au niveau primaire dans une école d'Angleterre, nous décrit le merveilleux exercice qu'elle fait faire aux élèves de sa classe :

« Au cours des quatre dernières années, j'ai fait du travail de guérison en utilisant les couleurs, en m'adonnant dans mes temps libres à des exercices de visualisation. Lorsque je me suis rendu compte de l'efficacité des visualisations impliquant la couleur rose, j'ai commencé à introduire ce type d'exercice dans ma classe. J'ai alors pu en constater les merveilleux effets et la grande efficacité sur les jeunes enfants. Le rose est une couleur porteuse d'amour et de guérison qui installe la paix et l'harmonie à l'intérieur de soi, tout en les projetant vers les autres.

« J'appelle cette technique de visualisation toute simple la ' lumière rose magique '. Je demande aux enfants de fermer les yeux et de prendre avec moi cinq ou six respirations profondes, en expirant tout doucement. Ensuite, je leur demande de visualiser un flot de lumière rose magique qui commence sous leurs pieds et qui remonte en spirale vers le haut en enveloppant progressivement tout leur corps. Je les assure que cela ne fait rien s'ils ne voient pas la lumière rose magique, mais qu'elle aura tout autant de puissance s'ils ne font que l'imaginer. Je leur dis de considérer cette lumière rose comme très magique et d'imaginer qu'elle leur enveloppe le corps telle une couverture chaude. Je leur demande d'adresser un vœu à cette lumière rose très magique, et de l'inspirer, puis nous terminons la séance en prenant deux profondes respirations. Pour terminer, je demande aux enfants d'ouvrir les yeux, d'étirer les bras et de dire : ' Ça fait du bien ! ' Je remarque que les enfants sont beaucoup plus calmes, plus heureux et plus chaleureux après la visualisation. »

L'assistance énergétique : Ces enfants sensibles dotés de fortes aptitudes parapsychiques ont besoin de votre aide ! Comme des éponges, ils absorbent l'énergie d'autrui (y compris celle des parents bien intentionnés). David Morelli est un médium professionnel qui donne des cours de spiritualité aux enfants au centre Psychic Horizons à Boulder, au Colorado. Il est également professeur dans une école employant la méthode Montessori. Voici ce qu'il a à nous dire :

« L'une des méthodes que j'enseigne aux enfants de ma classe consiste à imaginer qu'ils tiennent une bulle entre leurs mains, qu'ils mettent l'énergie ' mauvaise ' à l'intérieur de la bulle et qu'ils frappent des mains pour faire éclater celle-ci. Ils peuvent mettre dans la bulle de l'énergie venant de n'importe où – de leurs parents, de leurs professeurs ou de leurs amis –, puis la faire éclater. Après qu'ils ont rempli et fait éclater leurs bulles, je leur demande d'imaginer, juste au-dessus de leur tête, de l'énergie de couleur dorée, pleine de

> *Les parents des enfants cristal*
> *doivent s'adonner à leur propre*
> *programme de yoga ou de méditation et*
> *se donner des moments de réflexion en*
> *toute tranquillité, de façon à prendre*
> *contact avec leurs propres guides divins.*

bonheur, qui se déverse dans l'ensemble de leur corps. De cette façon, ils remplacent les énergies dont ils se sont débarrassés par de l'énergie nouvelle. »

Aimez-les, c'est tout : Gloria, mère de deux enfants cristal et d'un enfant indigo, met en perspective le travail des parents lorsqu'elle dit ceci :

« J'ai appris que l'amour est la chose la plus précieuse qui soit. Il importe donc de faire preuve de patience et d'attention. N'oubliez pas que vous n'êtes pas sur cette terre pour devenir des génies en mathématiques. Sourire à vos enfants et rire avec eux sont les choses les plus agréables au monde ; alors, ne vous gênez pas pour les faire !

Lorsque les enfants renversent du lait sur le sol, faites des drôles de grimaces. Lorsqu'il pleut dehors, allez danser sous l'averse avec vos enfants. Aimez-les, aimez-les, aimez-les ! »

La vérité sort de la bouche des enfants

Plusieurs enfants cristal ont également donné des conseils pleins de sagesse aux adultes :

« J'aimerais que ce livre aide les gens à nous comprendre », dit Audrey, cinq ans.

Crystal, six ans, s'est fait demander par sa mère ce qu'elle aimerait transmettre aux gens. « Aimez. Aimez et aidez les gens, et soyez généreux », a-t-elle dit.

« Tout ce que je peux dire, c'est que je souhaite à tous les habitants de l'univers (s'il y a de la vie sur les autres planètes) une bonne vie, un cœur sensible et de la bonne nourriture, dit Robert, six ans. Pour aider les enfants cristal, vous, les adultes, devez les protéger, jouer avec eux et lire en leur compagnie. »

Lorsque sa mère a demandé à Colin, quatre ans, quel message il aimerait transmettre aux gens, il a dit : « Que Dieu et les anges sont toujours avec eux, même quand ils ont peur. »

« Je demande à mes anges de m'apporter des rêves remplis de lumière chaque soir avant de me coucher, quand je fais ma prière », dit Haley, trois ans.

« Les choses ne sont pas mieux dans la cour du voisin ; alors, vous devez apprécier ce que vous avez », dit Hannah, sept ans.

« À l'avenir, tout le monde devrait savoir qu'on revient après la mort », dit Jacob, sept ans.

Et Kylan, cinq ans, a ceci à nous transmettre : « J'aimerais dire, à propos de la planète, qu'elle est remplie d'amour et de joie, et qu'elle a un cœur. Les gens peuvent s'aider en affichant au mur des phrases qui les encouragent à être heureux. On devrait y lire : SOYEZ HEUREUX ! »

· · · ✳ · · ·

À PROPOS DE L'AUTEURE

Doreen Virtue, Ph. D., est une métaphysicienne clairvoyante qui a obtenu un doctorat, une maîtrise et un baccalauréat en psychologie, spécialisés en counseling. Anciennement directrice d'un programme de réadaptation pour les jeunes alcooliques et toxicomanes ainsi que d'autres programmes de soins psychologiques, elle se base aujourd'hui sur la thérapie angélique dans ses écrits et dans ses activités d'enseignement.

Auteure du best-seller *Aimer et prendre soin des enfants indigo*, Doreen a également publié *Messages from your Angels* (livre et cartes divinatoires) et *Healing with the Angels* (livre et cartes divinatoires).

En plus de donner des conférences un peu partout dans le monde, elle a été invitée à de nombreuses émissions de télévision et de radio, notamment *The Oprah Winfrey Show*, CNN, *The View*, *Beyond with James Van Praagh*, *Body & Soul Australia* et *Good Morning America*.

Pour obtenir de l'information sur les ateliers et les produits offerts par Doreen, visitez le site **www.AngelTherapy.com**.

Doreen possède également un site Web entièrement consacré aux enfants cristal – comprenant un babillard à la disposition des parents, des professeurs et des enfants cristal eux-mêmes, ainsi que des autres personnes que le sujet intéresse. Visitez le site **www.TheCrystalChildren.com**.

· · · ✳ · · ·

**Autre titre disponible de
Doreen Virtue aux Éditions AdA**

Le Présent

Pour obtenir une copie
de notre catalogue,
veuillez nous contacter :

Par téléphone au (450) 929-0296
Par télécopieur au (450) 929-0220
ou via courriel à
info@ada-inc.com

CATALOGUE 2004-2005